영향력 있는 예배 인도자

The Effective Praise & Worship Leader
Eight Keys To Leading Others
Copyright ⓒ 2008 by Ron Kenoly
Copyright ⓒ 2011 by Yesol Publishing
All rights reserved including the right of reproduction in whole or in part in any form.

이 책의 한국어판 저작권은 Parsons Publishing House와 독점 계약한 예솔이 소유합니다.
저작권법에 의하여 한국 내에서 보호를 받는 저작물이므로
출판사의 허락없이 무단 전재나 무단 복제를 금합니다.

영향력 있는
예배 인도를 위한 8가지 핵심
예배 인도자

Ron Kenoly 지음
양정식 옮김

예솔

"My prayer is that we will all sanctify our lives, overcome our divisions, give without measure, develop and offer our skills for the glory of God and become one as worshipers of the Most High God."

"저의 기도제목은 우리의 삶 전부가 정결하게 되고,
우리 안의 분열을 극복하고,
넘치도록 드리며,
하나님의 영광을 위하여 우리의 은사들을 개발하고 드림으로써
지극히 존귀하신 하나님의 예배자 중에
한 사람이 되는 것입니다."

| 편집자의 말 from the Editor |

　이 책에서는 우리가 예배 인도자worship leader로 남녀 모두 gender neutrality를 지정할 것을 제안합니다. 우리는 이미 많은 곳에서 워십 지도자가 '그he'로 표현된 것을 압니다. 이는 보다 많은 이들이 계속해서 이 책을 접하기 쉽게 하기 위함입니다. 우리는 하나님께서 여성을 기름 부으시며anoints 이들을 예배 목회자worship pastors로, 예배 감독worship directors으로, 예배 제작자worship coordinators로, 찬양대장 등으로 쓰임받도록 부르신 것을 믿습니다. 우리는 하나님께서 리더십을 지닌 여성을 여러 목회 영역에서 사용하시며 그 역할을 담당하도록 돕고 계심을 믿습니다.

편집자로부터

목차 Table Of Contents

편집자의 말 from the Editor　6

서문 Preface　8

1. 목회자들은 어떤 예배 인도자를 찾는가?　　　　　　　　12
   What Are Pastors Looking For?

2. 리더십 Leadership　　　　　　　　　　　　　　　　　　18

3. 지식 Knowledge　　　　　　　　　　　　　　　　　　　32

4. 간증 Testimony　　　　　　　　　　　　　　　　　　　40

5. 기도 Prayer　　　　　　　　　　　　　　　　　　　　　46

6. 담대함 Boldness　　　　　　　　　　　　　　　　　　　54

7. 능숙함 Skill　　　　　　　　　　　　　　　　　　　　　66

8. 민감함 Sensitivity　　　　　　　　　　　　　　　　　　70

9. 조직 Organization　　　　　　　　　　　　　　　　　　80

10. 찬양대의 중요성 The Importance of a Choir　　　　　　90

11. 현대 교회의 찬양대 The Contemporary Church Choir　102

당부의 말 Final Word　121

옮긴이의 말　123

| 서문 Preface |

 찬양과 경배는 한 믿는 자의 마음과 하나님의 보좌를 향한 직접적인 드림에서 비롯되었으며, 찬양과 예배는 믿는 사람들이 하나님의 보좌로 똑바로 올라가려는 마음에서 비롯되었습니다. 이 책은 음악 사역과 관계된 이들을 중심으로 초점을 맞추고 있지만, 그리스도의 지체가 되는 각각의 사람 모두가 하나님께 찬양과 경배를 드리기 위해 부름을 받았습니다. 이와 같은 무한한 진리들을 통해 모든 크리스천들은 혜택을 받게 될 것입니다. 당신이 가정을 이끄는 사람이든, 당신 곁에 앉은 사람을 이끄는 사람이든지 간에, 모든 사람은 영향력 있는 찬양과 예배 인도자로 부름을 받았습니다.
 기독교계의 주요 흐름은 현대적 찬양과 경배 리더의 역할을 대체적으로 경시하거나 호도하여 왔습니다. 목사님들과 다른 교계 목회자들은 하나님의 임재가 드러나는 환경을 준비시키는 일을 예배 인도자들에게 의존했으며, 교회 지도자들은 강단으로부터 주어지

는 예비한 말씀을 회중이 받을 수 있도록 마음과 생각의 준비를 예배 중 찬양과 경배의 시간에 하게 되기를 원합니다.

그러나 많은 경우, 교회 지도자들은 구체적으로 어떻게 그 일이 이뤄지는지 잘 이해하지 못합니다. 이들은 선한 기름 부음 있는 음악을 원하며, 이 부분은 안수 받은 예배 인도자들과 목회자들이 공통적으로 원하는 것입니다.

여러분들은 때때로 자연스러운 영적 흐름의 영역 안에서 인도하는 것을 이해하지 못한 찬양과 경배 인도자들을 만나보셨을 것입니다. 그들은 노래를 잘 부르거나 재능 있는 음악가일지는 모르지만, 이들은 하나님이 임재하시는 현재적 상황을 어떻게 표명하고 돕는지에 대해서는 정말 알지 못합니다.

상당히 많은 경우에, 지역 교회에서 음악 사역은 특별한 훈련을 받지 않은 지원자들이 지원하여 돕고 섬김을 통해 이루어지고 있는 것이 사실입니다. 물론 우리는 이들과 같은 훌륭한 섬김의 사람들을 통해서 하나님을 찬양합니다. 그래서 많은 이들이 자신들의 시간과 열정을 투자하며 충성과 신실함으로 하나님을 섬깁니다. 다른 한편으로 그들 중 많은 이들이 찬양과 경배의 목적에 관한 별도의 훈련을 하고 있지 않습니다. 그들의 이해 부족은 하나님께 기쁨이 되는 찬양과 경배의 경험에 이르는 교회 지체들에게 방해가 될 수 있습니다. 리더는 그들의 이해와 경험들을 그룹과 함께 계속해서 나누도록 해야 합니다.

하나님의 거룩하심과 그분의 임재는 존경받아 마땅하고 지켜져야만 합니다. 예수님은 요한복음 4장 24절에서 하나님을 예배하는 사람은 반드시 영과 진리로 예배해야 한다고 말씀하셨습니다. 예수님은 여러분의 예배가 드려지기 위해서 여러분이 수용해야 하는 자세에 대해 기대감을 가지고 계십니다.

영과 진리로 드려지는 예배는 화려한 목소리의 구사나 서정적이고 달콤한 아름다운 시, 혹은 악기들의 달콤하고 열정적인 음악적 표현보다 더 많은 것을 요구합니다. 하나님은 우리의 재능을 기뻐하시지만 그것들로부터 감동을 받지는 않으시며, 우리는 모든 은사와 온전한 선물이 하나님 아버지로부터 온다는 사실을 기억해야만 합니다(약 1:17). 예배 인도자는 예배와 하나님의 말씀 사이의 균형을 똑바로 설명하도록 준비되어야만 합니다. 단지 음악과 좋은 소리를 안다는 것이 하나님께서 진실한 예배자에게 요구하시는 전부가 아닙니다. 하나님은 항상 온전한 마음의 중심을 다하는 예배자를 찾으십니다.

이 책에서 저는 회중을 인도하는 중요한 여덟 가지 핵심 요소들을 나누고자 합니다. 그리고 이것이 현대의 찬양과 경배 인도자들이 보다 효과적이고 영향력 있는 예배 인도자의 역할과 사역을 감당하도록 변화하는 데 도움이 되기를 기도합니다.

"A Worship Leader is a facilitator of the activities that go on in the presence of God."

"예배 인도자는 하나님의 임재가 계속해서 역사하시도록 하는 활동들의 촉매(觸媒)자이다."

예배 인도자에게 기대하는 역할들
Expected Roles for a Worship Leader

† 음악 감독 Chief musician

† 실력 있는 노래 인도자 Vocal leader

† 행정/관리자 Administrator

† 목회적 기술들 Pastoral skills

CHAPTER

1

목회자들은 어떤 예배 인도자를 찾는가?
(What Are Pastors Looking For?)

목회자들은 예배 인도자로부터 진정 무엇을 원하고 있는가?

세계의 많은 곳을 여행하면서 저는 종종 교회의 목회자들로부터 예배 때 회중을 인도할 수 있는 예배 인도자를 추천해 달라는 부탁을 받습니다. 이런 질문을 받을 때마다 그 자리에서 바로 대답하거나 누군가를 추천하기를 주저합니다. 저는 그들을 데리고 이야기할 수 있는 조용하고 한적한 장소로 가, 이들이 교회와 예배를 통해 성취하려는 것이 정확하게 무엇인지를 알아냅니다.

저는 대부분 "어떤 종류의 사람을 찾고 있나요?"라는 질문으로 대화를 시작합니다. 단지 목회자가 예배 인도자를 찾는다는 것만으로는 누군가를 추천하기에 충분하지 못하기 때문입니다. 잘 준비된 예배 인도자는 교회의 다른 사역의 영역에서도 그 능력을 발휘할 수 있습니다. 이러한 사역을 담당하기에 필요한 다양한 역할들을 알아보겠습니다.

음악 감독

예배 인도자는 반드시 부드럽고 즐거움을 주며 사람들을 인도하기에 반감을 주지 않는 목소리의 능숙함을 가져야 합니다. 회중은 너무 높은 음역의 소리나, 낮은 음역, 또는 너무 속으로 들어가는 소리나 갈라져 귀에 거슬리는 소리에 반감을 가질 수 있습니다. 예배 인도자는 음악적인 언어들을 적절히 사용할 수 있는 능력을 통해 노래하는 다른 사람들 및 음악 담당자들과 소통할 수 있어야 합니다. 예배 인도자는 또한 사람들이 가지고 있는 예술적 능력이나 강점 등을 파악하고 적절하게 배정할 수 있어야 합니다. 이를 위해 좋은 인사 배치와 평가를 위한 기술들이 요구됩니다.

실력 있는 노래 인도자

노래 인도자는 반드시 정확한 음정으로 on pitch 노래해야 하며, 회중이 배우고 따라하며 인지할 수 있는 선율을 만들 수 있어야 합니다. 인도자는 또한 사람들에게 우리의 구원자 되시는 하나님을 찬미하는 자리에 보다 활동적으로 참여할 수 있도록 권면하고 격려하는 은사적 능력을 가져야 합니다. 왜냐하면 인도자야말로 회중이 예배에서 제일 처음의 만나는 사람들 가운데 한 사람으로서 그 예배의 첫인상을 창출해내기 때문입니다. 그렇기 때문에 인도자는 예배자들이 거부감이나 부담, 또는 경계심을 느끼지 않는 적절한 옷차림을 갖춰야 합니다. 그리고 예배 인도자는 반드시 교회와 담임 목회자의 입장을 반영하여 섬겨야 합니다.

행정/관리자

행정은 예배 인도자의 일 가운데 필수적인 부분입니다. 인도자로서 적합한 후보자는 반드시 일정을 계획하고 협의하며 조율할 수 있어야 하며, 교회의 목회적 지도자가 바라는 비전과 위임 사항을 이해하고 실행할 수 있기를 바라는 기대에 부응할 수 있어야 합니다. 예배 인도자가 교회의 지도자에게 순종하고 따르는 것은 절대적으로 필요합니다. 인도자는 많은 사역에서 다양한 구체적인 역할을 다음과 같이 보조하고 협력할 수 있어야 합니다.

- 기록을 남김 Keeping records
- 사역에 필요한 도구나 자료 구입
  Acquiring necessary tools and materials
- 배분Assigning과 인사 배치delegating의 책임감
- 훈련 지침에 대한 실행 Executing disciplinary action
- 재정 관리 Managing finances
- 간부 모임 안에서 부서를 대표하기
  Representing the department instaff meetings

목회적 기술들

예배 인도자는 반드시 음악부와 교회 안에서 사람들을 향한 진실한 마음을 가져야 합니다. 또한 인도자는 반드시 자신을 섬기고 돕는 사람들에게 사랑의 마음으로 모범을 보여야 합니다. 이것은 다음과 같은 경우들을 포함합니다.

- 상담 Counseling
- 기도 Praying
- 심방 Visitation
- 추천 편지 쓰기 Writing letters of recommendation

- 성경 공부 Bible teaching
- 영적 지도력의 모범 보이기 Demonstrating spiritual leadership

인도자는 자신이 이끄는 사람들로 하여금 인도자가 자신들을 사랑하고, 사역과 개인적인 삶에 놓인 걱정들과 필요한 것들을 성실하게 보살피고 있음을 느끼도록 행동해야 합니다.

균형 잡히고 영향력 있는 교회의 음악 사역 부서가 되기 위해서는 반드시 균형 잡히고 영향력 있는 지도자가 항상 함께 동역해야 합니다. 단지 음악적 재능만을 가졌다는 것으로는 교회 내에서 가장 다양한 사람들로 구성된 그룹을 인도하는 데 충분하지 않습니다. 만약 인도자에게 있어 앞에서 언급한 갖추어야 할 조건 중 어느 한 부분이라도 부족하게 되면 자존심pride, 자부심ego, 자만심selfishness과 같은 육체적인 일과 힘, 그리고 통제에 대한 지나친 욕심이 생겨 이로 인해 지나치게 음악 부서를 구속하려 하거나 파괴하려는 가능성이 생길 수 있습니다.

고린도전서 14장 40절의 말씀처럼 우리는 모든 일을 행함에 있어 품위와 질서가 있어야 함을 압니다. 하나님께서는 절차와 기획을 통해서 영광 받으셔야 하며 혼란, 긴장, 겁, 혼돈, 그리고 좌절 등이 교회 또는 음악 부서 안에서 발견되면 안 됩니다.

영향력 있는 예배 인도자는 반드시
The Effective Praise and Worship Leader Must

† 모범이 되는 크리스천이 되어야 한다.
  Be a good Christian in good standing.

† 가르치고 훈련시킬 수 있어야 한다.
  Be able to teach and train.

† 상식과 지혜를 가져야 한다.
  Have common sense and wisdom.

† 기본적인 음악 지식을 가져야 한다.
  Have fundamental musical knowledge.

† 모범적인 지도력을 선보일 수 있는 능력이 있어야 한다.
  Demonstrate leadership skills.

† 좋은 예의와 사회적 품위를 지녀야 한다.
  Have good manners and social grace.

† 목회자의 비전에 헌신할 수 있어야 한다.
  Be committed to the pastor's vision.

CHAPTER

2

KEY #1 : 리더십

(Leadership)

목회자와 교회 지도자와 함께 모범이 되는 크리스천이 되라

훌륭한 예배 인도자는 교회 목회자들과 부서의 인정과 지원을 필요로 합니다. 예배 인도자가 지속적으로 회중 앞에 서게 되면 이 예배자는 교회의 존경받을 만한 지도자로 인정받게 됩니다. 예배 인도자에게는 찬양 파트를 제외한 교회에서의 권위가 없을지도 모릅니다. 그리고 교회의 열쇠도 가지지 못하고, 재정적인 부분에 대한

권위가 없을 수도 있습니다. 하지만, 성도들은 그를 교회의 중요한 지도자로 바라볼 것입니다. 성도들은 그의 이름을 알고, 그가 자신들을 하나님의 임재 가운데로 이끌 것을 기대할 것입니다.

예배 인도자의 성품은 흠잡을 데 없이 훌륭해야 합니다. 그리고 성도들을 향한 사랑과 긍휼의 마음, 세심한 배려를 표현해야 합니다. 목회자는 개인적으로 실제적이고 영적인 면에서 예배 인도자를 신뢰할 수 있어야 합니다.

높은 수준의 도덕성은 필수입니다. 음악 부서는 열정이 넘치는 사람들로 가득 차 있고, 사람들에게 존경을 받는 사람들, 즉 특별한 재능 또는 연습 지휘권과 권위를 가진 자들은 다른 사람들을 잘못된 타락의 길로 이끌어 갈 가능성을 충분히 지니고 있습니다. 갈망, 탐욕, 자부심과 힘의 남용은 항상 음악 부서의 영향력을 분명하게 도 하고, 파괴할 기회를 엿보고 있는 정신이기도 합니다.

가르치고 훈련시킬 수 있어야 한다

지도자들은 다른 사람들을 가르치고 훈련시킬 수 있어야 합니다. 지도자들에게 음악성과 사역적인 훈련은 그것이 비록 직업을 위한 훈련이라 할지라도 반드시 필요한 필수 요소입니다. 만일 여러분의 교회가 당신의 훈련을 도울 예산이 없다면, 책과 온라인을 통해 스스로 배울 수 있습니다. 만약 스스로 공부를 하려 한다면, 예배 인도자들을 위한 많은 컨퍼런스와 워크숍들을 찾아볼 수 있을 것입니다.

찬양팀의 많은 사람들이 음악적 훈련을 받지 못했거나 아주 약간의 음악 경험을 가졌을지도 모릅니다. 그러나 이들을 정확하게 훈련시키는 일은 여러분에게 달려 있습니다. 인도자를 돕는 지원자들이 반드시 음악적 언어를 익혀야 하거나 노래곡집 안에 기보법을 읽는 능력 또는 악보를 읽는 방법을 알아야 할 필요는 없습니다. 이것은 마치 음악적으로 훌륭한 목소리와 열정을 가진 사람들은 음악적 기술을 아주 조금 지닌 것과 비슷합니다. 이들 중의 대부분은 스스로 습득했거나, 그룹과 함께 효과적으로 일하기 위해 배우지 않아도 된다는 습관을 발전시켜 왔을 것입니다.

저는 독창으로 노래를 부르기에는 굉장한 목소리를 가진 사람이 다른 사람들과 함께 합창을 하는 데는 감각이 없거나 훈련을 받지 못한 무수한 상황에 직면해 보았습니다. 이러한 사람들은 스스로 생각하기를 자신들이 상당히 잘한다고 여깁니다. 그러나 이들의 목소리는 대게 아픈 손가락이 서있는 것처럼 찬양대에서 튀어나와 노래하는 그룹 전체를 무력하게 만듭니다. 훌륭한 지도자는 이와 같은 독창자들에게 교육을 시키고 잘 지도하여서 그룹과 함께 노래할 수 있도록 옮겨가는 과정을 충분히 도울 수 있습니다. 분별력을 가진 지도자는 자신의 노래하는 그룹에서 독창을 할 수 있는 사람을 발견하고 그들의 재능이 잘 들어날 수 도울 수 있어야 합니다. 이것은 여러분의 찬양대원들을 발전시키고 확장하는데 참으로 중요한 목표입니다. 우리들은 언제나 서로의 가장 훌륭한 점들을 격려하고 칭찬할 수 있어야 합니다. 살아 있는 사역은 언제나 성장하기 마련입니다. 지도자는 특별히 하나님의 영광을 위해 언제나 그룹 전체를 하나로, 그리고 각각의 대원들로도 볼 수 있어야만 합니다.

사람들 가운데 영적으로 교통하는 능력이 개발되는 것과 마찬가지로, 찬양 인도자는 사람들이 영적으로 움츠려들거나 실망됨이 없도록 훈련시키고 격려해야 합니다. 이러한 능력은 진실과 사랑을 말하는 것이지 거짓된 아첨을 사용하는 것을 이야기하는 것이 아닙니다. 그것은 때때로 여러분이 어떤 사람을 또 다른 사람에게 알려주는 것을 의미할 수도 있습니다. 바울 사도는 고린도전서 12장 17-18절에서, "만일 온 몸이 눈이면 듣는 곳은 어디며 온 몸이 듣는 곳이면 냄새 맡는 곳은 어디냐 그러나 이제 하나님이 그 원하시는 대로 지체를 각각 몸에 두셨으니"라고 말씀하고 있습니다. 하나님께서는 당신이 원하시는 곳에 우리를 데려다 놓으시기도 합니다. 그리고 그분은 종종 우리들의 지도력을 사용하시여 우리를 더 나은 곳으로 인도하시기 위해 도와주십니다. 기독교인으로서 예배 인도자는 하나님의 은혜가 드러날 수 있도록 말을 해야만 합니다.

지도자가 일관성unity과 동역자들에 대한 우애camaraderie의 감각을 기르는 것은 중요합니다. 모든 것은 주님께 그들의 소리를 올려드리는 공동의 선함을 이루기 위해 협력합니다. 시편 34장 3절에서 다윗 왕은 백성에게 여호와의 이름을 함께 높이도록 권고했습니다. 그는 "나와 함께 여호와를 광대하시다 하며 함께 그의 이름을 높이세"라고 기록하였습니다. 우리는 그것이 하나님의 목적을 달

성하기 위해 우리 모두가 함께 가야 한다는 것을 기억해야 합니다. 사도 바울은 이것을 "그에게서 온 몸이 각 마디를 통하여 도움을 받음으로 연결되고 결합되어 각 지체의 분량대로 역사하여 그 몸을 자라게 하며 사랑 안에서 스스로 세우느니라"고 설명하고 있습니다. 몸은 우리 모두가 효과적으로 함께 일하면서 성장할 것입니다.

상식과 지혜 가지라

상식은 익숙한 만큼 일반적인 것이 아닙니다. 옛 속담에 "한 움큼의 상식은 많은 학습의 가치가 있다."는 말이 있습니다. 지도자는 논리적으로 생각하고, 생각을 분명히 처리해야 합니다. 그는 생각을 바꾸거나 외교와 통합으로 이슈를 해결해야 합니다. 음악 부서의 모두가 이해할 수 있도록 단순한 운영 시스템을 만들고, 쉽게 따르고 이해하는 것이 중요합니다.

이 인도자는 프로그램, 서비스, 노래 목록과 인원을 계획하고, 격려해야 합니다. 음악 부서에 도울 능력이 있는 사람에게 일과 책임을 위임하는 것 또한 이 위치에 있어서 중요합니다.

모범적인 지도력을 보여주라

때때로 우리는 우리의 신앙심과 독실한 성격으로 인해 우리가 자격이 모자라다고 느끼는 지도자의 위치까지 오르게 되었다는 사실을 깨닫기도 합니다. 누구라도 지도자가 되는 것을 배울 수 있습니다. 리더십의 테크닉을 습득하기 위해 지도자는 개인 교육과 훈련을 추구하는 것이 현명한 방법일 것입니다. 여러분이 어느 위치에 있건 여러분 스스로가 더 좋아지기 위해, 음악적으로 더 나아지기 위해, 사역을 더 잘하기 위해 스스로를 훈련해야 합니다.

지도자는 미팅과 리허설의 지시 및 통제를 확립하고 유지할 것임에 틀림없습니다. 지도자가 되려고 하는 태도 그리고 정해진 위치를 존경하라는 지시는 당신의 그룹에 안전을 가지고 옵니다. 조지 패튼George Patton 장군은 현명한 지도자가 어떠한 결정을 내리기 위해서 갖추어야 할 꼭 필요한 조건을 언급하였습니다. 저는 지도자란 전제 군주가 되어야 한다고 말하고 있는 것이 아닙니다. 그러나 지도자는 발언권을 지키고 그가 관리하고 있는 회의의 흐름을 통제할 필요가 있습니다. 지도자의 존재는 자신이 이야기할 때 사람들의 생각이 분산되지 않고 집중할 수 있도록 격려해야 합니다. 지도자는 좋은 취지가 담겨 있지 않은 모함이나 모임 같은 잘못된 것들이 확산되는 것을 단호하게 그 즉시로 멈추게 해야 합니다. 양팀 사람들의 분쟁을 해결하는 방법은 성경의 지식과 신앙심 있는 행동의 인식함으로 그들을 데리고 오는 것입니다. 모든 분쟁 해결에는 성경적인 근거를 가져야 할 필요가 있습니다.

지도자는 분명히 자발적일 것이고, 그 자신의 능력과 자격에 따라 그룹의 멤버에게 개인 상담을 해 줄 수 있어야 합니다. 적절한 지혜와 지식을 나누어 주는 것은 중요합니다. 어떤 교회는 이 위치를 예배 목회자라고 부를 수도 있습니다. 담임 목회자의 권위 아래 있는 음악 부서의 양떼들을 목양하고 양육하는 예배 인도자들을 위한 기대가 있는지는 담임 목회자가 결정합니다.

성공은 준비가 기회를 만날 때 이루어집니다. 지도자는 각 회의에 늦지 않아야 하고, 그의 그룹과 권위를 이끌 준비가 되어 있어야 합니다. 어떤 리허설이나 모임의 성공은 모임이 있기까지의 준비하는 과정에 의해 결정됩니다. 지도자들은 반드시 실례를 들어 사람들을 인도해야 합니다. 그래서 예배 인도자는 반드시 자신을 따르는 사람들을 위해 하나님께 합당한 행위에 대한 일정한 기준을 세우도록 준비해야 합니다.

지도자가 시간에 대한 존경심이 없을 때, 즉 계속해서 모임 시간에 늦거나 또는 정각에 모임을 시작하지 않는 때는 그를 따르는 사람들에게도 지각하는 것이 허용된다는 인식을 주게 됩니다. 지각하는 것은 결코 교회에서나 하나님의 집 안에서 없어야 하여, 일어나서도 안 되고, 허용되어서도 안 됩니다. 미국의 각본가 돈 마르퀴스Don Marquis는, "시간 엄수Punctuality"가 기본적인 비즈니스 미덕virtue, 즉 언제나 당신을 따르는 사람들에게 요구해야 하는 것 중의 하나라고 언급했습니다. 지각은 프로그램의 효율성을 파괴할 수 있으며, 제시간에 그 장소에 있기 위해 노력을 하는 사람들의 마음에 분노와 원망을 제공할 수도 있습니다. 지도자들은 반드시 사역에 대한 기준들이 효율성을 떨어뜨리는 낮은 수준에서 세워지지 않도록 결정해야 합니다.

기본적인 음악 지식을 가져야 한다

예배 인도자는 반드시 기본적인 음악 지식을 가져야 합니다. 사역의 활동 무대에서 학문적 지식을 가지지 않고 다른 사람들을 이끄는 것은 어렵습니다. 당신이 이끌고 있는 그룹에는 동일한 시간과 연구를 투자하여 자신들의 기술을 향상시켜 줄 누군가를 따르려고 기대하는 사람들이 있습니다. 그런 솔선수범을 취하지 않는 사람에게 존경을 주는 것은 그들에게 어려운 일일 것입니다.

연주 음악은 당연히 기술을 요구합니다. 더 많은 사람들이 사역에 관련되면 될수록, 여러분은 사역의 정확성과 유효성에 대해 설명하고 의견을 말하기 위해 더욱 더 많은 훈련과 교육이 필요합니다. 여러분은 반드시 자신의 요구 사항들과 음악에 대한 해석을 정확한 음악적 용어로 다른 사람과 의사소통할 수 있어야 합니다. 음악의 언어로 말하는 것을 배우십시오. 그리고 만약 여러분께서 음악 이론을 모른다면 이 과목을 배우는 것에 지금 동참하십시오.

기본적인 음악적 지식이 없으면 예배 인도자는 그의 그룹이 제작, 악기 편성법, 그리고 편곡에 있어서 높은 수준에 이르게 되었을 때 제한을 받게 될 것입니다. 믿는 자들로서 우리는 신의 뜻에 따라 평범함을 건너뛰고 탁월함을 추구합니다. 시편 8편 1절에 "여호와 우리 주여, 주의 이름이 온 땅에 어찌 그리 아름다운지요"라고 기록되어 있습니다. 우리의 하나님은 탁월하신 분이십니다. 따라서 우리는 계속해서 그 분께 더 뛰어난 경배와 찬양을 올려드리기 위해 몸부림쳐야 합니다.

올바른 태도와 에티켓을 보여주라

예배 인도자는 사람들이 사랑받고 있으며, 그들이 필요하고 그룹 내에 속해 있음을 느끼도록 마음이 서로 통하는 환경을 만들어야 할 책임이 있습니다. "부탁입니다."와 "고마워요."라고 말하는 것은 항상 진심을 나타내고 사람들이 서로 함께 동역하도록 하는 훌륭한 격려입니다. 미국의 대법원 판사 클레어렌스 토마스Clarence Thomas는 "좋은 태도는 최고의 교육도 열 수 없는 문들을 열게 할 것이다."라고 말한 바 있습니다.

찬양팀에 참가하는 사람들을 대부분 자원자들입니다. 그들은 교회를 섬기기 위해 매우 큰 개인적 희생을 감당하고 있습니다. 예배 인도자는 그들이 인정받고 있으며 찬양팀에 반드시 필요하다는 것을 알게 해야 합니다. 사람들은 때때로 자신의 교회 발전을 돕고 그들의 재능과 기술과 능력을 통해 봉사하며 헌신하기 위해 자신들의 가족들과 직장으로부터 떨어져 그 시간을 제공합니다. 사람들은 자신들이 하고 있는 일을 스스로 원하고 필요해서, 그리고 감사함으로 하고 있다는 것을 기억해야 합니다. 골로새서 3장 15절은 모든 그리스도인들이 "감사하는 자"가 되도록 용기를 줍니다. 여러분은 하나님을 향해 늘 감사하는 마음을 표현하고 그것을 발전시키도록 선택하는 것에 익숙해져야 합니다.

목회자의 비전에 충실해지라

찬양과 경배 인도자는 교회를 위한 목회자의 비전에 관해 반드시 정확하게 이해하고 있어야 합니다. 그리고 그 비전에 대해서 순종하고 충실히 따라야 합니다. 인도자 자신이 가진 개인적인 성향이 어떤 이유로든 담임 목회자나 교회의 목적과 목표에 위협이 되게 해서는 안 됩니다. 한 교회 내에서는 반드시 하나의 비전을 가진 하나의 방이 있을 뿐, 다른 것이 있다면 쪼개지고 말 것입니다.

예배 인도자가 목회자보다 교회 예배에 관한 더 좋은 계획이 있다고 느끼는 것은 특이한 일이 아닙니다. 음악 부서에 있는 사람들은 찬양을 위한 시간이 더 많이 필요하다고 느낍니다. 제가 여러분들께 새로운 소식을 알려드리자면, 대부분의 목회자들은 설교를 위해 더 많은 시간이 필요하다고 느낀다는 것입니다.

창조적인 사람들에게는 일들이 어떻게 진행되어야만 하는가에 관한 생각들이 생기는 것이 자연스러운 일입니다. 그러나 다른 한편으로 성령 하나님께서도 또한 계획하십니다. 하나님의 영은 예배를 위해 그의 뜻을 목회자에게 드러내 보이실 것입니다. 교회는 주님께 속한 것이므로, 주님의 뜻에 맡기는 것은 좋은 생각입니다. 하나님의 기름 부으심anointing은 목회자에게서 시작됩니다. 예배 인도자들은 목회자의 기름 부으심 아래에 있어야 하고, 그것과 함께 일해야 합니다.

> "보라 형제가 연합하여 동거함이 어찌 그리 선하고 아름다운고
> 머리에 있는 보배로운 기름이 수염 곧 아론의 수염에 흘러서
> 그의 옷깃까지 내림 같고"
>
> *(시편 133:1-2)*

시편의 이 구절에서 연합과 기름 부으심이 이미 연관되어 있음이 분명히 나타납니다. 기름 부으심은 머리에서 시작하여 몸에 종속된 부분들에게로 흐르며, 머리 아래에 종속된 몸의 모든 부분은 머리가 받은 것과 마찬가지로 동일한 기름 부음을 받게 될 것입니다. 하나님은 개인이나 그룹을 위해 가진 계획과 목적에 따라서 기름 부음을 주십니다.

저의 목회자인 딕 버날 박사Dr. Dick Bernal가 설교를 하거나 가르치는 동안 많은 경우 성령 하나님께서는 제게 전해 주시고 있었던 메시지로부터 노래를 주고자 하셨습니다. 나머지 다른 신자들이 말씀을 기록하려고 했지만 하나님은 제 마음에 노래라는 방식으로 말씀하시고자 하셨습니다.

루시퍼가 하나님의 뜻을 전복시키려고 마음먹었을 때를 통해 배우게 되는 교훈을 상기시켜 보겠습니다.

> "너는 기름 부음을 받고 지키는 그룹임이여
> 내가 너를 세우매 네가 하나님의 성산에 있어서
> 불타는 돌들 사이에 왕래하였도다
> 네가 지음을 받던 날로부터 네 모든 길에 완전하더니
> 마침내 네게서 불의가 드러났도다
> 네 무역이 많으므로 네 가운데에 강포가 가득하여

> *네가 범죄하였도다 너 지키는 그룹아*
> *그러므로 내가 너를 더럽게 여겨 하나님의 산에서 쫓아냈고*
> *불타는 돌들 사이에서 멸하였도다"*
> *(에스겔 28:14-17)*

    루시퍼는 가장 낮고 깊은 구덩이로 던져졌습니다. 그의 개인적 욕망과 야망은 그의 위치와 명망과 칭호를 잃게 하였습니다. 그것은 그가 바로 그 하나님의 존재로부터 완전히 떨어지려고 한 데서 비롯되었습니다. 하나님을 진노하게 한 결과들은 어느 누구도 견디기를 원치 않는 것보다 더욱 심합니다.

"*A Worship Leader is to demonstrate before the people what God wants in the form of praise and worship.*"

"예배 인도자는 하나님께서 어떠한 찬양과 예배의 형식을 원하시는지 사람들 앞에서 성공적으로 보여줘야 한다."

영향력 있는 예배 인도자는 반드시
The Effective Praise and Worship Leader Must

† 성경에 대한 바른 지식을 가져야 한다.
  Have a good knowledge of the Bible.

† 당신의 교파나 신앙 교리가 무엇인지 알아야 한다.
  Know what your denomination or movement believe.

† 담임 목회자가 궁극적인 예배 인도자라는 것을 알아야 한다.
  Know that the pastor is ultimately the worship leader.

† 모든 기독교가 권위와 복종에 관한 것임을 알아야 한다.
  Know that all of Christianity is about authority and submission.

CHAPTER

3

Key #2 : 지식
(Knowledge)

성경에 대한 바른 지식을 가지라

다수의 인기 있는 노래들은 성서적이지 않습니다. 성경적인 검증을 거치지 않은 채, 그리스도의 삶을 노래하며 전해지는 노래들도 있습니다. 이런 노래들이 라디오, TV 또는 다른 인기 있는 미디어 장치들에서 연주되었을지도 모릅니다. 영향력 있는 예배 인도자는 모든 노래의 가사들을 재검토할 것이고, 하나님의 말씀이 지지하는 것을 벗어난 어떤 음악도 절대로 가르치지 않을 것입니다.

음반 시장의 사정에 따라 노래를 만드는 음반 제작자들을 의지하지 마십시오. 그리스도의 몸을 위해 영감 있는 녹음들을 제공하려고 하는 크리스천 음악 회사의 공헌에 대해 저는 하나님께 감사합니다. 그러나 성경의 정확도가 항상 그들에게 가장 우선되는 의제는 아닙니다. 레코드 회사들은 반드시 이익을 만들어 내야 하는 사업체이기에, 이런 회사들은 청자들의 마음에서 빠져 나올 수 없는, 그 노래를 구입하게 하기 위해 강렬하게 끌어들이는 인기 있는 캐치프레이즈, 쉬운 후크송, 뇌리에 박히는 리듬, 그리고 아름다운 멜로디를 가진 음악들을 팬들에게 보여주어야만 합니다.

레코드 회사들의 결정권자들 대부분은 음반 산업의 음악과 트렌드를 알고 있습니다. 그러나 교회의 교리와 성경에 관한 경험은 제한된다는 것도 알고 있습니다. 그들의 음악은 귀에는 좋게 들릴지 모르나 마음과 영혼에는 위험할 수도 있습니다. 크리스천 음악 산업에서 주요한 결정들을 하고 있는 사람들 중 상당히 많은 경우 크리스천이 아니거나 주님과 매우 약하고 얕은 동행을 한다는 사실은 저를 놀라게 하였습니다.

예배 인도자는 음악 산업과 교회 성도들 사이에서 여과 장치가 되어야 하며, 교회에서 나타난 모든 물질적인 것을 차단함으로써 성도들을 보호해야 합니다. 사람들이 독창 부분을 노래할 때 여러분의 교회 안에서 가르쳐져야 하는 것과 성경이 반드시 일치되어야 합니다.

당신의 교파나 신앙 교리가 무엇인지를 알라

여러분은 여러분의 교단과 신앙 교리에 아셔야 합니다. 그래야 자신감을 가지고 사람들을 인도할 수 있습니다. 노래의 가사가 하나님의 말씀과 그리고 교회의 회중과 조화를 이루고 있다는 것을 알고 있는 데에서 자신감은 비롯됩니다.

여러분의 교단은 유명한 노래들의 가사에 동의하지 않을 수도 있습니다. 여러분은 교단에서 가르치고 강조하는 것에 대해서 잘 이해해야 합니다. 교회와 교단마다 다른 유형의 예배를 드리며, 어떤 모임에서는 성경적인 노래라 할지라도 모든 곡들을 다 인정하지는 않을 수도 있습니다.

저는 워싱턴 주에 있는 한 도시에서 어떤 특별한 모임의 경배와 찬양 집회를 인도해 달라는 부탁을 받았었습니다. 각 모임 전에 저는 목회자를 만나서 기도하고, 개인적으로 목사님께서 특별히 예배 중에 제가 무엇을 하기를 원하는지, 혹은 예배 중에 하지 않기를 원하는 것을 알아내는 것을 좋아합니다.

사전 예배 모임에서 이 목회자는 요즈음 자신은 지옥에 대한 얘기들을 함으로써 성도들을 겁주지 않고 천국에 대한 얘기로 성도들을 사랑하고 있다고 제게 말씀해 주셨습니다. 그러면서 제게 지옥이나 사탄을 언급하는 노래들을 부르지 말아달라고 부탁하셨습니다.

필자의 음반에 익숙한 사람들은 제가 사탄, 지옥, 마귀를 언급하는 노래들을 많이 작곡했다는 것을 알고 계실 것입니다. 대적을 넘어 승리하는 것에 대한 노래를 부르는 것은 제게는 전혀 문제가 되지 않습니다. 예수님께서도 지옥과 마귀에 대해서 여러 차례 말씀하셨습니다. 하지만 이런 것들을 언급하는 것이 성도님들을 놀라게 하거나 혼란스럽게 할 수 있다고 생각하는 목회자들이 계시다면, 저는 그분의 요구를 존중하며 그분의 정책이나 계획을 뒤흔들 수 있는 어떠한 노래도 부르지 않을 것입니다.

마귀에 대한 언급 없이 경배와 찬양을 인도할 수 있습니다. 저는 마음속에서 이 목사님이 왜 너무 수동적이고 적들을 대면하지 말아야 한다고 느끼셨는지 이해하지 못했습니다만 목회자들은 예배를 인도하는 방법에 대해 항상 성령님으로부터 하나님의 말씀과 신령한 지시를 받는다고 판단해야 했습니다.

담임 목회자는 궁극적으로 예배 인도자다

지체 중의 일부로서 예배를 위한 최고의 역할 모델은 목회자입니다. 목회자는 하나님 앞에서 자신의 회중들을 위한 책임이 있습니다. 며칠 동안 경배와 찬양 집회만 도와달라고 요청 받을 수도 있습니다. 예배 인도자로서 목회자가 자신의 교회의 예배를 어떻게 이끌어 나가는지에 대한 저의 개인적인 견해를 집회 때 강요할 수 없습니다. 저는 그분의 게스트로서 그분의 예배 의식과 진행 순서에 따라야 하며, 그 책임을 부여해 준 바로 그 교회에서 권위를 부여받았습니다.

기독교의 모든 것은 권위와 복종에 대한 것이다

예배 지도자들이 자신의 위치가 목회자보다 항상 하위에 있음을 알고 있는 것은 절대적으로 중요합니다. 만약 여러분이 혼란과 논쟁을 만들어 낼 수 있는 음악을 생각하고 있다면, 목회자에게 가져가서 그 음악에 관한 그의 의견을 구해야 합니다. 목회자가 회중에게 사과를 해야 할 수도 있는 가능성을 가진 가사들로 목회자를 놀래키거나 당황시키지 마십시오. 그리고 그 이후에 목회자가 당신에게 와서 특정한 노래를 하지 못하게 하는 상황을 만들지 마십시오.

저는 1985년 9월, 캘리포니아 산호세에 위치한 Jubilee 기독 센터에서 예배 지도자 사역을 시작하였습니다. 이것은 예배 지도자로서의 제 첫 번째 직업이었습니다. 당시 저는 캘리포니아의 Marin County에 위치한 특정 교단의 전통적인 신학 대학교에 다니고 있었습니다.

Jubilee 기독 센터는 결코 전통적이지도, 특정 교단에 속해 있지도 않았습니다. 그곳은 하나님의 기름 부으심이 흐르며 성령의 모든 은사들이 자유롭게 발휘되는 독립적인 교회이며, 성령이 충만하고 에너지와 카리스마가 넘치는 초교파적인 믿음의 말씀 교회입니다.

딕 목회자님은 제가 선곡했던 곡을 몇 번이나 고치셔야 했습니다. 왜냐하면 저의 전통적인 배경 때문에 Jubilee 교회 성도들과 믿음의 말씀 운동에 알맞지 않은 노래들이 많았기 때문입니다. 금지된 곡 대부분은 제가 이전에 출석했던 교회에서는 훌륭하게 여겨지고 많이 찬양되었으나 이 교회에서는 아니었습니다. 저는 딕 목사님이 설교하시던 것과 제가 회중에게 가르치던 모든 곡들을 확실하게 일치시키기 위해서 믿음의 말씀 운동에 대해서 공부를 해야 했습니다.

"*A Worship leader must spend time with the father and find out what he wants us to do.*"

예배 인도자는 반드시 하나님 아버지와의 시간을 가지며 그분이 우리에게 원하시는 것이 무엇인가를 알아내야 한다.

영향력 있는 예배 인도자는 반드시
The Effective Praise and Worship Leader Must

† 살아 있는 간증이 있어야 한다.
  Have a living testimony.

† 확신과 담대함을 가진 목회자여야 한다.
  Minister with conviction and boldness.

† 열정과 영으로 노래해야 한다.
  Sing with passion and spirit.

† 마음으로부터 우러나오는 사역을 해야 한다.
  Deliver ministry that comes from the heart.

CHAPTER

4

KEY #3 : 간증
(Testimony)

생동감 넘치는 간증을 가지라

하나님이 여러분의 삶에서 어떤 일을 하셨는가에 대한 살아 있는 간증이 있다는 것은 매우 중요합니다. 여러분이 경험한 하나님은 여러분의 예배 인도에 반영될 것입니다. 모든 찬양 인도자는 하나님의 능력을 알아야 합니다. 여러분이 개인적으로 경험해 보지 않은 하나님에 대해 어떻게 찬양을 할 수 있습니까? 여러분이 인도를 하기 위해 사람들 앞에 섰을 때, 여러분이 부르는 찬양은 여러분 삶의 실재이고 계시라는 것을 알고 있어야 합니다. 찬양들은 단순히 여러분의 머리와 입으로부터만 나오는 것이 아니라 가슴과 영혼으로부터 나와야 합니다. 여러분의 인생 경험들을 되돌아보고 특정한 기도제목을 가지고 하나님께 기도하여 응답을 받았을 때를 집어 내십시오. 그런 경험을 노래할 때에, 영혼 깊은 곳에서부터 찬양이 우러나오게 될 것입니다.

확신과 담대함을 겸비한 목회자가 되라

영으로 노래할 때에, 여러분의 확신과 담대함도 함께 드러날 것입니다. 하나님께서 우리의 기도를 들으시고 응답하신다는 것을 개인적인 경험으로부터 느낄 때에, 여러분의 확신은 더욱 분명해질 것입니다.

열정과 영혼으로 노래하라

제가 어렸을 때, 저의 어머니는 항상 노래를 부르시곤 했습니다. 교회의 성가대석이든 집 안의 부엌이든 상관없이 노래를 부르셨습니다. 어머니가 부르시는 모든 노래에는 열정과 영혼이 있는 것 같았습니다. 캔자스 주의 커피빌에 살던 당시 우리 집은 많은 어려움을 겪었습니다. 저의 형제들과 제가 자라날 때에 하루하루를

연명하기 위해 저희 어머니는 하나님을 의지해야만 하셨습니다. 어머니가 부르는 노래들은 항상 그녀 자신에게 평화와 힘을 가져다주는 것 같았습니다. 어머니께서 "오 신실하신 주Great is Thy faithfulness"를 부르실 때면, 그 노래 속의 확신은 나로 하여금 하나님이 얼마나 신실하신지를 믿게 하였습니다. 시간이 지나면서, 저는 제 개인적인 간증들과 관련되어 있는 노래들을 많이 의지하며 선곡하게 되었습니다. 이러한 노래들은 제 영혼 깊은 곳에서부터 나왔으며, 하나님의 선하심과 자비하심 그리고 진리를 증거합니다. 예수님은 우리가 하나님께 신령과 진정으로 예배할 수 있도록 격려하십니다.

> "아버지께 참으로 예배하는 자들은 영과 진리로
> 예배할 때가 오나니 곧 이 때라 아버지께서는 이렇게
> 자기에게 이렇게 예배하는 자들을 찾으시느니라
> 하나님은 영이시니 예배하는 자가 영과 진리로 예배할지니라"
> (요한복음 4:23-24)

우리가 신령과 진정으로 예배할 때에, 성령께서 우리를 인도해 가신다는 것을 확신하게 됩니다. 우리가 그 분을 온전히 따라갈 때 우리는 잘못된 길로 빠지지 않게 될 것입니다.

마음의 중심으로부터 우러나는 사역을 감당하라

목회는 단순히 입에서만 나오는 것이 아니라, 가슴과 영혼으로부터 나와야 합니다. 하나님은 우리의 중심을 보십니다. 하나님은 외모와 능력을 넘어서 발견되는 우리의 태도를 보십니다. 만약 여러분이 부르는 노래가 여러분의 마음속에 있지 않다면, 그 노래는 신령과 진정으로 드려질 수 없습니다. 영혼이 증언하지 않는 노래는 단순히 쇼일 뿐이며 하나님은 쇼에 관심이 없으십니다. 하나님은 쇼를 보고 싶으신 것이 아니라, 우리의 거룩하고 정직하며 진실한 경배와 찬양을 원하십니다.

"*Our mission is to create an environment for the manifest presence of God.*"

"우리의 소명은 현존하시는 하나님의 분명한 임재하심을 위해 환경을 창조해 내는 것이다."

영향력 있는 예배 인도자는 반드시
The Effective Praise and Worship Leader Must

† 훈련된 기도 생활을 가져야 한다.
   Have a disciplined prayer life.

† 선곡에 대해 기도해야 한다.
   Pray about song selections.

† 늘 기름 부음을 받는 자리에 서야 한다.
   Position oneself to receive anointing.

† 기꺼이 기도로 다른 사람들을 인도해야 한다.
   Be willing to lead other in prayer.

† 주 안에서 말씀을 통해 다른 사람들을 격려해야 한다.
   Encourage others in the Lord and the Word of God.

CHAPTER
5

KEY #4 : 기도
(Prayer)

훈련된 기도 생활을 가지라

하나님과의 친밀한 관계를 위한 다른 조건은 없습니다. 우리는 사도 바울이 데살로니가전서 5장 17절에서 우리에게 명한 것처럼 '어떻게 하면 쉬지 않고 기도할 수 있는지'를 배워야 합니다. 하나님께서는 기도를 통한 여러분과 하나님과의 관계 속에서, 여러분이 음악 부서를 어떻게 인도해야 하는지, 그리고 중요한 결정들을 어떻게 내려야 하는지에 대한 가이드를 성령님을 통하여 주실 것입니다. 잠언 3장 6절에, "범사에 그를 인정하라 그가 너를 지도하시리라" 라고 말씀하십니다.

우리는 매일 개인적인 기도와 헌신의 시간을 가져야 할 필요가 있습니다. 많은 사람들은 기도해야 할 것들을 기억하기 위해 기도 목록을 만듭니다. 또 어떤 사람들은 정기적으로 습관에 따라 기도하는 확실한 기도 목록을 가지고 있습니다. 어떤 사람들은 순간마다 그들의 생각에 떠오르는 것은 무엇이든지 즉각적으로 기도합니다.

저는 이 세 가지 기도하는 방법들을 모두 배웠습니다. 사람들이 제게 기도를 부탁할 때, 저는 그것들을 메모해 놓고 잊어버리지 않으려고 노력합니다. 요즘에는 생각이 너무나 많아서 목록에 적어 놓지 않으면 사람들이 부탁해 온 기도제목들을 자주 잊어버리곤 합니다.

나는 매일 아침 경건 시간에, 규칙적인 기독제목을 가지고 기도합니다.

- 찬양과 경배
- 용서를 위해 기도하기
- 가까운 가족과 내 자신을 위해 기도하기
- 우리의 어린아이들과 먼 가족, 그리고 친구들을 위해 기도하기

- 나의 목회와 스태프, 찬양팀, 그리고 관리자들을 위해 기도하기
- 나의 사업을 위해 기도하기
- 우리 교회 목회자님과 성도님들을 위해 기도하기
- 우리 동네의 교회 목회자님들과 지도자들을 위해 기도하기
- 우리나라와 대통령을 위해 기도하기
- 예루살렘의 평화를 위해 기도하기
- 이스라엘의 평화의 세계 다른 나라들을 위해 기도하기
- 성령으로 기도하기
- 하나님께서 나에게 말씀하시는 것을 들을 수 있도록 묵상하기

때때로 저는 얼마나 시간이 빨리 지나가는지 놀라곤 합니다. 저는 그날 하루의 삶 전체를 통해 올바른 결정을 내릴 수 있도록 주님께서 저를 도와주시고 인도해 주시기를 간구합니다. 저는 하나님의 지혜가 필요하고, 우리가 그분의 뜻을 구할 때 머뭇거리지 말아야 한다는 것을 잘 알고 있습니다. 창조적인 사람으로서, 저는 매일 머리를 스치고 지나가는 많은 아이디어들을 가지고 있습니다. 제 모든 아이디어들이 좋은 아이디어들처럼 보이지만, 제게 필요한 것은 하나님의 아이디어입니다. 저는 하나님 아버지의 의지와 마음으로부터 오는 생각들만 처리하면 됩니다. 우리는 우리 안에 예수님의 마음을 품어야 합니다.

훈련된 기도생활

사역의 모든 측면은 기도로 덧입어야만 합니다. 저는 제가 준비하는 집회의 찬양 선곡에 대해 기도합니다. 저는 초대받는 많은 집회 중 알맞은 집회를 선택할 수 있도록 기도합니다. 그리고 저와 함께 작업하는 사람들에 대해 기도하고, 이 사역을 함께 섬기는 사람들을 어떻게 인도할 수 있을까에 대해 기도합니다. 앞으로의 계획, 목표, 그리고 목적들에 대해서도 기도하고, 관리전략과 다른 행정적인 것들에 대해 기도합니다. 저는 매 순간 항상 기도합니다.

여러분은 가보지 못한 곳으로 사람들을 인도할 수 없습니다. 하나님과 시간을 보낼 때 그것이 보일 것입니다. 하나님으로부터 들었다는 것을 알게 될 때 자신감도 커질 것입니다. 여러분은 모든 활동들에서 담대하게 될 것이며, 여러분의 사고와 행동들에서 성령님의 임재하심을 경험하게 될 것입니다. 예수님은 요한복음 10장 27절에서 "내 양은 내 음성을 아나니"라고 말씀하셨습니다. 우리는 의심의 그림자 뒤편에 계신 하나님의 음성을 알기 위하여 그분과 함께 충분한 시간을 보내야만 합니다.

누구도 소심하거나 용기 없고 불안한 사람을 따르고 싶어 하지 않습니다. 사람들은 현재 어디로 가고 있으며, 목적지에 도달했을 때 무엇을 성취해야 하는지 잘 아는 강하고 자신감 있는 지도자를 따르려 할 것입니다.

기름 부으심을 받는 자리에 서라

예배 인도자가 하나님과 함께 했을 때, 거기에는 그를 덮는 기름 부으심이 임하게 됩니다. 그 기름 부으심은 하나님의 임재하심으로 하나님의 백성들을 효과적으로 인도할 수 있는 권한을 하나님께서 그에게 부어 주시는 것입니다. 기름 부음을 받은 예배 인도자는 하나님께서 임재하시는 위한 환경을 만드는 것이 얼마나 중요한지 잘 알고 이해할 것입니다. 그는 사람들이 뭐라 하든지 간에 두려움 없이 성령님의 인도하심을 따라가야 합니다.

진실로 성령과 진리 안에서 경배하기를 원하는 사람은 그 기름 부으심을 인지하고 하나님 아버지를 향한 순전한 예배의 모습 안으로 들어가게 될 것입니다.

기도로 다른 사람들을 기꺼이 인도해야 한다

지도지로서 여러분은 항상 당신의 동역자들을 격려하고 세워 주어야 합니다. 그들은 여러 가지 문제와 어려움들을 풀어주고 도와줄 수 있는 여러분을 의지할 것이며, 그들이 해결할 수 없는 자신들의 문제에 대한 해결책과 정답들을 여러분에게 기대합니다. 만약 여러분들이 그 답을 가지고 있지 않다면, 그들은 여러분이 그 답을 발견해 주거나 그들의 삶 속에 기적이 일어나도록 기도해 주기를 기대할 것입니다. 때때로 그들은 바로 그 다음날 당장 이루어져야 하는 도움을 필요로 합니다.

주 안에서 하나님의 말씀을 통해 다른 사람들을 격려하라

바로 이것이 정확히 여러분께서 해야 하는 일입니다. 여러분을 따르는 사람들에게 그들의 문제에 대해 하나님께서 성경 안에서 무엇이라 말씀하시는지 보여주어야 하고 격려할 수 있어야 합니다. 또한 여러분은 믿음 안에서 그들의 상황들을 통해 하나님의 중재하심을 함께 믿어야 합니다. 하나님께서는 감당하지 못할 시험은 주지 않으시는 분이심을 사람들이 알 수 있도록 항상 도와야 합니다. 누구든지 주의 이름을 부르는 자는 구원함을 받습니다.

자신들이 무엇에 대해 노래 부르고 있는지 믿지 않는 멤버들로 구성된 그룹을 여러분은 감당할 수 없습니다. 우리는 하나님의 위대하심과 신실하심을 노래하며 반드시 그것을 우리 신앙생활의 개별적인 수준에서 깨달아야만 합니다.

"I won't be like the people in the Bible
who stayed in the wilderness and died
because they weren't willing to crossover."

"나는 건너려는 의지를 갖지 못해 황량한 광야에서 죽어가는
성경속의 사람들과 같이 되고 싶지 않다."

영향력 있는 예배 인도자는 반드시
The Effective Praise and Worship Leader Must

† 담대함으로 예배를 인도해야 한다.
  Be bold in leading worship.

† 시간을 준수해야 한다.
  Be punctual.

† 질서를 확립하고 유지해야 한다.
  Establish and maintain order.

† 자신의 한계를 파악해야 한다.
  Know your limitations.

† 자신의 권위를 지혜롭게 사용해야 한다.
  Use your authority wisely.

† 사랑과 존경을 보여야 한다.
  Demonstrare love and respect.

† 사람들과 눈을 마주쳐야 한다.
  Make eye contact with the people.

† 자신의 회중에 민감해야 한다.
  Be sensitive to your congregation.

† 과격한 언어를 사용하지 않아야 한다.
  Avoid tongue lashing.

† 가능할 때마다 사람들을 가르쳐야 한다.
  Teach the people whenever possible.

CHAPTER

6

KEY #5 : 담대함
(Boldness)

담대함으로 예배를 인도하라

예배에서 권위와 질서를 확립해야 합니다. 여러분이 회중을 인도하기 위해 그들 앞에 설 때에는 어느 정도의 권위가 여러분께 주어집니다. 먼저 얼마만큼의 권위가 주어졌는지를 파악해야 하고, 여러분의 책임과 의무가 아닌 것들까지 주제넘게 떠맡거나 다른 사람의 영역을 침범함으로 교회의 지도부를 불쾌하게 해서는 안 됩니다. 이따금씩은 지도부와 의사소통을 하면서 여러분의 자리에서 자신 있게 걸어가야 합니다. 담대함과 자신감을 가지고 의무를 다 하면 됩니다.

시간을 준수하라

예배를 시작하는 것을 맡았다면, 예배를 정시에 시작해야 합니다. 그것은 사람들에게 마음을 가다듬고 이야기를 멈추며 제자리에 착석하기를 권하여 모두가 예수 그리스도에게 집중하도록 하는 것을 의미합니다. 여러분이 기대하는 바를 회중들은 교육 받을 필요가 있습니다.

정시에 시작하고 정해진 시간 내에 끝내야 합니다. 하나님은 질서와 계획의 하나님이십니다. 고린도전서 14절 40절에 나와 있듯이, 그분은 모든 것이 질서 속에 이루어지길 원하십니다. "모든 것을 품위 있게 하고, 질서 있게 하라."

하나님은 영원하십니다. 하지만 우리에게는 살아가야 하는 시간을 주셨습니다. 모든 것들은 그들 자신의 계절이 있다는 것을 하나님께서는 자연 속에서 보여주십니다. 여름, 가을, 겨울 그리고 봄은 모두 창조주가 정해주신 대로 지정된 시간에 찾아옵니다. 만일 계절들이 서로 바뀐다면 그것은 하나님을 향한 반역이 될 것입니다. 태양, 달, 지구, 그리고 별들은 각자의 위치에 만들어져 있습니다. 만일 그것들이 각기 위치를 바꾼다면, 인류는 당장 멸망하고 말 것입니다.

목회자들은 예배의 절차와 예배의 내용들에 대해 기도합니다. 목회자들이 어느 한 가지의 특정한 활동을 위해 일정한 시간을 할애할 때, 이것은 교회를 향한 성령님의 일하시는 방침을 따르는 것입니다. 만일 우리가 이러한 일정과 방침을 고려하거나 따르지 않는다면, 우리는 성령님의 일하심을 직접적으로 거스르는 것이 됩니다. 우리에게는 하나님께서 목회자나 예배 기획자에게 주신 권위를 바꿀 권리가 없습니다.

이것은 다소 격하게 들릴지도 모르지만 사실입니다. 만일 우리가 예배 시간에 찬양 시간을 더 늘린다거나 예배를 늦게 시작하면, 우리는 다른 사람의 사역 시간을 방해하는 것이 됩니다. 이것은 어쩌면 그들의 목표를 성취하는 데 필요한 시간을 갖는 것을 방해하게 되는 지도 모릅니다. 많은 경우에, 예배의 어떤 부분은 완전히 잘라져 나가야 합니다. 그러면 예배는 원래의 계획대로 다시 돌아가게 될 것입니다. 이것은 한 사역자의 사역이 다른 것으로 대체되거나 없어져야 하다는 것을 의미합니다. 만일 여러분이 주어진 시간을 늘리거나 줄이는 데에 집착해서 다른 사역자가 준비한 것을 할 수 없도록 만든다면, 그 사람을 굉장히 무시하게 되는 것입니다.

제 전임 목회자이셨던 딕 베널Dick Bernal 박사와 공저한 『Lifting Him Up』이라는 책에서, 그는 목회자들이 찬양 인도자들에 게 있어 싫어하는 것들 10가지에 대해 주의를 기울였습니다. 목회자들을 언짢게 하는 첫 번째 것은 예배가 계속해서 정시에 시작되지 않는

다는 점입니다. 둘째는, 정시에 끝나지 않는다는 것입니다. 만약 여러분이 시간을 너무 많이 잡아먹어서 목회자가 설교를 중간에 잘라야 한다거나 서둘러 해야 한다고 느낀다면 여러분은 큰 문젯거리가 될 것입니다. 여러분에게 주어진 모든 권위를 사용해서라도 정시에 시작하고 끝내야 합니다. 여러분의 임무는 선배 목회자가 여러분에게 준 시간 내에 하나님의 명령에 따라 계획한 모든 것을 수행해내는 것입니다.

질서를 확립하고 유지하라

제가 Jubilee Christian Center에서 처음으로 찬양 인도를 시작하였을 때, 회중은 찬양이 시작하기 전에 서로 대화하고 교제하였습니다. 그들은 예배 전에 자리에 앉는 것에 대해 훈련되어 있지 않았고 무심했습니다. 제가 찬양을 시작해도 많은 사람들이 마치 음악은 예배에서 중요하지 않다는 듯이 웃고 떠들곤 하였습니다.

이러한 태도는 제 마음을 아프게 했습니다. 저는 그들의 행동이 인도자를 난처하게 하고, 동시에 하나님을 모욕하는 것이라고 생각했습니다. 경배와 찬양에 들어간다는 것은 결국 하나님의 거룩한 임재를 느끼고, 사람들 가운데 그 임재를 깨닫게 하는 하나님의 초청입니다.

하나님의 집에서 하나님을 무시한다는 것은 엄청난 모욕입니다. 저는 이러한 걱정거리를 딕Dick 목사님께 가져갔습니다. 당시에 저는 교회 사람들을 많이 알지 못했고, 목사님이 이 문제에 대해 어떻게 생각하고 있는지를 알지 못했습니다. 저는 떠들던 그 사람들이 목사님의 친구들이거나 교회의 중요한 멤버들일지도 모른다고 생각했습니다. 그리고 그 사람들 대부분이 목사님의 친구들이며 교회의 큰 기부자들이라는 것을 알게 되었습니다.

자신의 한계를 알라

딕 목사님은 그 사람들을 질서 가운데 데려오기 위해 무엇을 해야 하는지 알려주셨습니다. 그때부터 저는 목사님을 존경하게 되었습니다. 그분은 저에게 하나님의 임재를 위한 적절한 환경을 만들 수 있는 권위를 주었습니다. 목사님의 지원의 확답을 듣고, 저는 예배에 지장을 주는 사람들의 이름을 한명씩 부르기 시작했고, 대화하는 것을 멈추고 자리에 앉아달라고 마이크를 통해 말하였습니다. 교인의 이름을 모를 경우에는 안내하는 분을 보내서 질서를 지키기를 요구했습니다.

마이크로 자신의 이름이 불리고 자기자리로 돌아가도록 안내를 받는 창피함을 겪은 후에야 그들은 장난치던 것을 자제하기 시작했고 예배의 질서를 지키기 시작했습니다.

당신의 권위를 지혜롭게 사용하라

권위를 부여받은 사람들은 그것을 담대함으로 사용하되 사랑으로 균형을 맞춰야 합니다. 저는 여러분께 독재자가 되라고 말하는 것이 아닙니다. 오히려 여러분의 권위를 사용함과 동시에 환경을 조절할 수 있어야 한다는 것입니다. 여러분의 중심에 왕이신 예수님이 있어야 하며, 여러분은 적절한 행동을 취해야 합니다. 그 왕은 존중되고 영광을 받으셔야 합니다. 그분이 영광의 주인공이고, 우리는 그의 나라의 백성인 것을 기억해야 합니다. 우리가 바로 초청받은 사람들입니다.

사람들은 두려움이 많은 사람을 따르기를 원치 않습니다. 그가 어디로 가는지에 대해 확신이 없는 사람은 아무도 따르고 싶어 하지 않습니다. 사람들은 자신을 확신과 자신감을 가지고 이끌어 줄 사람을 찾고 있습니다. 교회는 다음과 같은 사람을 필요로 합니다. 자신이 어디로 가는지, 어떻게 가는지, 그리고 그 곳에 갔을 때 무슨 일이 일어날지에 대해 아는 사람을 필요로 합니다. 이러한 행동들은 안전과 자신감을 가져다 줍니다.

이러한 유형의 사람들을 따르는 것은 쉽습니다. 왜냐하면 우리 모두가 그들을 신뢰하는 경향을 가지고 있기 때문입니다. 그들은 그들이 가슴으로 품은 메시지나 사역이 있습니다. 그들이 목표를 성취하도록 하는 것은 그들의 열정과 자신감입니다. 하나님은 여호수아에게 강하고 담대할 것을 지시하셨습니다. 젊은 여호수아는 성경에서 다음과 같이 명령을 받았습니다.

> *"강하고 담대하라 너는 내가 그들의 조상에게 맹세하여 그들에게 주리라 한 땅을 이 백성에게 차지하게 하리라"* (여호수아 1:6)

여호수아는 거인들과의 싸움을 준비하고 있었기 때문에 강하고 담대해야만 했습니다. 어떤 이들에게 이스라엘은 그 땅의 거주민들과 비교해서 메뚜기처럼 보였을 수도 있습니다.

그들의 부모들이 광야에서 죽은 것은 바로 두려움 때문이었습니다. 하나님이 승리와 그 땅을 약속하셨음에도 불구하고 그들은 그들 앞에 있는 장애물과 직면하기를 거절했습니다. 하나님이 이집트와 광야에서 많은 기적들을 보여주셨음에도 불구하고, 그들은 여전히 하나님이 약속하신 것들을 취하러 가는 것을 거절하였습니다.

그러나 갈렙과 여호수아는 전혀 두려워하지 않았습니다. 권위와 자신감으로 그들은 약속의 땅에 들어갔고, 두려움 없이 그 땅을 취했습니다. 하나님이 당신과 함께하실 때, 그분은 당신을 막아선 세상보다 훨씬 더 큽니다.

사랑과 존경을 보여라

여러분이 그들을 사랑하는 것을 알게 할 필요가 있습니다. 그들을 사랑한다고 말하십시오. 그들을 이끌 때에 친절과 은혜를 보이는 것을 두려워하지 말아야 합니다.

회중은 노래가 편안한 조성 안에 있을 때, 좀 더 자신 있게 노래할 것입니다. 새 노래를 가르칠 때, 모든 사람이 노래하기에 편안한 키로 작곡되었는지를 확인하십시오. 때때로 예배 인도자는 교회 회중이 큰 어려움 없이 노래할 수 있도록 이전에 녹음된 노래의 조성을 알맞게 바꾸는 것이 중요합니다.

가능한 음역 안에서 노래하셔야 합니다. 만일 선곡된 노래의 음역이 너무 높거나 낮은데 노래의 조성을 바꿀 수 없다면, 찬양팀 가운데 한 사람이 그 노래를 인도할 수 있도록 고려하십시오.

사람들과 눈을 마주쳐라

회중을 인도할 때에 그들을 바라보는 것을 두려워하지 말아야 합니다. 예배 인도자는 회중이 자신을 따르고 있다는 것을 알아야 합니다. 그들은 여러분과 눈을 마주치기 원합니다. 개인적으로, 저는 누군가 제게 말할 때 눈을 똑바로 쳐다보지 못한다면 그 사람을 믿을 수가 없습니다.

미소로 하나님께서 주시는 기쁨을 보여주십시오. 가벼운 미소는 사람 사이에 존재하는 보이지 않는 장벽을 무너뜨릴 것입니다. 여러분이 먼저 미소 지으면, 그들이 따라 웃을 것입니다. 그 장벽이 무너질 때 사람들은 좀 더 그들의 수줍음과 억제력을 내려놓으려고 할 것입니다. 미소는 오래 갑니다. 베트남의 승려이자 작가인 틱낫

한Thich Nhat Hanh은 "때때로 기쁨이 당신의 웃음의 근원이 되지만, 때때로 당신의 웃음이 당신의 기쁨의 근원이 될 수 있다."고 말했습니다. 미소는 즐거움의 첫째가는 표현방식입니다. 하나님의 전에 주님의 기쁨이 넘치게 하십시오!

사람들이 서로 인사하고 사랑을 보이도록 격려하십시오. 테레사 수녀는 "당신이 항상 누군가에게 미소 지으면, 그것은 사랑의 실천이며, 그 사람에게의 선물이고, 가장 아름다운 것입니다."라고 말했습니다. 사랑의 하나님은 단결력과 조화로움 가운데 있을 때 우리를 결속시켜 주실 것입니다.

당신의 회중에 대하여 민감하라

대부분의 젊은이들은 찬송가를 지루해 합니다. 록rock, 랩rap과 힙합hip-hop은 나이가 있는 장년들에게 분에 넘치는 에너지를 가지고 있습니다. 그러나 이들 모두는 그리스도의 몸 안에 지체로서 존재하고 있습니다. 선곡은 여러분이 섬기고 있는 연령대들을 향한 사역과 관련이 있습니다. 사도 바울은 골로새서 3장 16절에서 "시와 찬송과 신령한 노래로 노래하라"고 우리에게 권면하십니다. 여러분은 회중의 대표자로서 다양한 음악 장르를 제시하여 각 세대의 마음을 움직여야 합니다.

과격한 언어 사용을 피하라

청중에게 말할 때에는 덕이 되고 은혜로운 말을 선택해야 합니다. 원하는 답변을 듣지 못한다 해도 사람들을 다그치면 안 됩니다. 때때로 사람들은 여러분이 원하는 것처럼 열정적으로 노래하지 않을 것입니다. 때로는 사람들이 하나님을 찬양하는 것에 전혀 관심이 없어 보일 때도 있습니다. 또한 하나님의 임재하심이 있든지 없든지 관심이 없는 것처럼 보일 때가 있습니다.

이럴 때 여러분의 몸은 각 사람에게 과격한 언어를 내뱉고 싶어지며, 그들에게 하나님이 얼마나 선하시고 좋은 분인지 상기시키고 싶어집니다. 여러분은 주님을 대신하여 그들을 향해 한사람씩 개인적으로 책망하고 싶어 합니다. 그러나 사람들에게 여러분이 가고자 하는 방향으로 함께 그들이 가기를 바란다는 것을 알려주는 것이 그들을 여러분이 원하는 대로 조정하는 것보다 더 좋은 방법입니다.

요한복음 10장 2-4절에서 예수님이 말씀하신 경고입니다.

"문으로 들어가는 이는 양의 목자라 문지기는 그를 위하여 문을 열고 양은 그의 음성을 듣나니 그가 자기 양의 이름을 각각 불러 인도하여 내느니라 자기 양을 다 내놓은 후에 앞서 가면 양들이 그의 음성을 아는 고로 따라오되"

(요한복음 10:2-4)

이 구절에서 우리는 선한 목자가 양을 인도하는 법을 배웁니다. 선한 목자는 그들을 올바른 장소에 도착시키기 위해 몰거나 괴롭히지 않습니다. 그는 신뢰와 사랑의 관계를 기반으로 하기 때문에, 양들은 그의 음성의 명령을 신실하게 따릅니다.

가능할 때마다 사람들을 가르치라

우리의 왕이신 하나님의 임재 앞에 회중들이 어떻게 행동해야 하는지를 가르칠 수 있는 기회를 마련해야 합니다. 그리고 그들을 가르칠 때 목표를 강화하기 위해 성경 주석들을 사용해야 합니다. 성경은 큰 소리로 무릎 꿇고 엎드리며, 박수치고 서서 소리치며, 손을 높이 들고, 권능을 노래할 때가 있다는 것을 우리에게 명확하게 보여줍니다. 예배 인도자로서 사람들이 바르고 책임감 있는 방식으로 왕이신 하나님을 향해 영광을 돌리고 있는지는 확인하는 것이 여러분이 맡은 일입니다.

영향력 있는 예배 인도자는 반드시
The Effective Praise and Worship Leader Must

† 음악의 언어를 배워야 한다.
Learn the language of music.

† 필요한 경우 개인 레슨을 받아야 한다.
Take private lesson, if necessary.

† 음악을 암기해야 한다.
Memorize the music.

CHAPTER

7

KEY #6 : 능숙함
(Skill)

음악의 언어를 배워라

모든 전문 분야는 그 자신만의 언어를 가지고 있습니다. 소방관과 법률 시행관은 그들의 언어를 가지고 있으며, 의사와 변호사도 그들 자신의 언어와 전문적인 용어를 가지고 있습니다. 심지어 그리스도인들도 그리스도인 모임에서 사용되는 말을 가지고 있습니다. 기독교 밖의 아주 소수의 사람들만이 기름 부으심, 화해, 속죄 같은 말을 사용합니다.

음악가는 음악가들만의 독특한 전문 용어를 가지고 있습니다. 많은 교회음악가와 노래하는 사람들은 독학을 했기 때문에 어떻게 적절하게 다른 사람과 음악적으로 소통하는지 모를 수도 있습니다. 저는 음악을 하기 원하는 사람은 누구나 최소한 기본적인 음악 용어를 배우고, 음악의 근본적인 이해를 가지기 위해 어느 정도의 시간을 할애하는 것이 필수적이라고 생각합니다. 만약 음악 현장의 다른 사람들이 여러분을 존경하고 이해해 주기를 바란다면, 올바르게 소통하고 말할 수 있어야 합니다.

필요하다면 개인 레슨을 받자

만약 여러분이 독학한 가수나 음악가라면, 기술을 이해하도록 도와줄 개인 레슨을 받거나 학원에 등록하여야 합니다. 잠언 13장 16절은 "슬기로움으로 좋은 평단을 얻는다"고 말합니다. 재능은 감탄을 자아내고, 지식은 존경을 얻게 하며, 지혜와 이해는 호의의 문을 열 수 있습니다.

음악을 암기하라

노래에 필요한 단어들을 익혀야 합니다. 만약 사람들이 존경을 표하며 여러분에게 은사와 재능을 보여달라고 강단을 내어준다면 여러분은 스스로를 더욱 잘 준비함으로써 기회를 준 사람들에게 존경을 표해야 한다고 생각합니다. 여러분이 노래를 외웠다면 확신을 가지고 노래 부를 수 있을 것이고 사람들 앞에서 서 있을 때 균형을 잡는 것이 훨씬 더 쉬울 것입니다. 특별한 노래를 부르도록 요청받았으나 노래를 배우기에 충분한 시간이 없을 때도 있습니다(결혼식, 장례식, 목사님의 요청 등등). 만약 이런 일이 발생한다면 참고 자료로 악보를 사용하십시오. 그러나 보편적 기준에서 노래를 부르고 있다면 그것을 배워야 합니다.

음악가들은 마음으로 음악을 배우도록 노력해야 합니다. 저는 싱어를 격려하여 노래를 외우라고 할 때, 다른 음악가들과 코러스에게도 똑같이 그렇게 하기를 권장합니다. 그것은 단지 몇 소절 되지 않는 분량을 외우는 것입니다. 오늘날 대부분의 예배 합창은 음악적으로 간단하고, 적지만 매우 중요한 가사를 맡습니다.

만약 제가 진지한 연극 발표에서 대본을 읽는 배우를 본다면 대본의 질과 관계없이 공연에 매우 실망할 것입니다. 노래나 대본은 텍스트로부터 읽힐 때 청중이나 시청자는 메시지가 제 삼자에서로부터 오고 있다는 느낌을 받습니다. 한편, 청자가 발표자의 표현과 눈을 볼 수 있을 때 청중이나 회중은 발표자와 친밀함 및 공감의 감정을 느낍니다.

영향력 있는 예배 인도자는 반드시
The Effective Praise and Worship Leader Must

† 하나님과 사람들에게 민감해야 한다.
  Be sensitive to God and the people.

† 모든 사람들의 음역 안에서 조성을 맞추어 노래 불러야 한다.
  Sing songs in keys that are within everyone's range.

† 모두가 따라할 수 있는 편곡을 제공해야 한다.
  Provide arrangements that everyone can follow.

† 회중 찬송을 선곡해야 한다.
  Choose congregational songs.

† 회중을 위한 알맞은 장르를 선택해야 한다.
  Choose the right genre for the congregation.

† 분위기와 맞는 적절한 음량을 맞춰야 한다.
  Match the volume with the mood.

† 적절한 순간에 적절한 곡을 선곡해야 한다.
  Choose the righr song for the right movement.

† 회중 예배 때 독창/독주 부분을 제외해야 한다.
  Eliminate solos during congregational worship.

† 성령과 함께 부르는 것을 알아야 한다.
  Know when to release the people to pray and sing on the spirit.

CHAPTER

8

KEY #7 : 민감함
(Sensitivity)

하나님과 사람들에게 민감하라

예배 인도자들이 반드시 기억해야 할 것은 인도자라는 지위가 녹음 계약recording contract을 위한 발판stepping-stone으로 존재하는 것이 아니라는 사실입니다. 이것은 쇼가 아닙니다. 예배 인도자의 목표는 하나님의 사람들을 주님의 임재 안으로 안내하는 것입니다. 경배와 찬양을 인도하는 것은 단지 노래를 부르고 있는 사람들을 인도하는 것보다 더 큰 의미가 있습니다. 하나님의 거룩한 임재가 있다는 것을 확실하게 보여줄 수 있도록 하나님을 위한 환경을 조성해야 합니다. 첫 번째로 성령에 민감해야 하고, 두 번째로 목회자님께, 그리고 세 번째로 회중에게 민감해야 합니다.

성도들 중 대부분의 사람들은 예배 인도자만큼 기술적인 면에서 훈련되어 있지 않다는 것을 항상 기억해야 합니다. 성도들의 음역은 성장되지 않은 상태이고, 그들의 음악적 능숙함은 여러분과 비교해 보면 상대적으로 제한적입니다. 여러분이 맡은 일은 사람들을 이끄는 것이지만, 그들이 따라오지 못하는 음악을 소개하지 않도록 조심스럽고 민감하며 세심하게 인도해야 합니다.

모든 사람들의 음역 안에서 조성을 맞추어 노래 부르라

모든 사람들이 부를 수 있는 조성으로 곡들을 선택하여야 합니다. 높은 음역의 테너나 소프라노의 음역으로 부르는 찬양 인도자는 사람들이 편안한 음역에서 곡을 부를 수 있도록 조성을 낮춰야 합니다. 또한 싱어들을 위해 다른 조로 곡을 편곡을 해야 할 수도 있어야 합니다. 가장 중요한 것은 사람들은 노래를 이끄는 사람을 따라가려고 안간힘을 쓰지 않는다는 것입니다. 사람들이 노래 부르는 것에 안간힘을 쏟는다면, 진정한 예배를 드리는 데에 방해가 될 것입니다. 근심과 불편한 마음을 가지고는 예배드릴 수 없기 때문입니다. 잘못된 조성은 예배를 드림에 있어서 집중을 방해하거나 장애물이 될 것이고, 여러분은 이렇게 되는 것을 원하지 않을 것입니다. 음악은 모든 경험을 돋보이게 해야 합니다.

모두가 따라 부를 수 있는 편곡을 제공하라

곡의 편곡은 간단하고 쉬워야 합니다. 그래야 음악성이 없는 성도들조차 쉽게 잘 따라 부를 수 있고, 그들의 기쁜 소리로 참여할 수 있습니다. 하나님은 기쁜 소리를 인정하시고 기뻐하십니다. 시편 66편 1절은 "온 땅이여 하나님께 즐거운 소리를 낼지어다"라고 말씀합니다. 찬양 인도자의 목표는 모든 사람들이 우리 하나님께 경배와 찬양을 드릴 수 있도록 함께 참여하게 하는 것임을 항상 기억하십시오.

회중 찬송을 선곡하라

경배와 찬양은 이벤트가 아닙니다. 모든 사람들이 함께 참여해야 합니다. 노래를 잘 못하는 사람들까지도 격려하여 기쁜 소리를 낼 수 있도록 초청해야 합니다. 어떤 곡들은 주님께 찬사로 드려지는 솔로의 성향이 짙습니다. 경배와 찬양을 위한 곡들은 모든 회중들을 참여할 수 있게 하는 곡들이어야 합니다. 단지 여러분의 마음에 든다거나 자신을 멋지게 보이게 하는 곡을 정하지 말아야 합니다. 기도하고 또 기도한 후 곡을 정해야 합니다.

회중을 위한 알맞은 장르를 고르라

만약 청소년들을 이끌려고 할 때 여러분이 100년 전에 쓰인 찬송가를 좋아하고 자신 있어 한다면 이 사역을 해 가기 어려울 것입니다. 연령대에 맞는 가사, 리듬과 멜로디를 준비해야 합니다. 흑인 미국인 지역의 그룹을 이끌 때, 컨트리뮤직풍이나 서부 음악으로 사역한다면 그 사역을 해 나가기 어려울 것입니다. 장년층을 이끌어야 할 때는 그들의 마음에 가깝고 소중한 곡들을 포함하는 선곡이 필요할 것입니다. 여러분의 선곡으로 사람들이 하나님의 임재에서 소외감을 느끼게 하고 싶지는 않을 것입니다. 사람들을 하나님의 임재 가운데 들어갈 수 있게 하는 곡들을 선택하십시오.

분위기와 맞는 적절한 음량 맞추라

듣기 좋은 곡이나 분위기 있는 곡들은 높은 에너지를 필요로 하는 곡이나 공격적인 곡보다 적은 볼륨을 필요로 합니다. 〈주 예수 기뻐 찬양해〉와 같은 곡이 효과적이기 위해서는 높은 에너지를 필요로 합니다. 조용함은 '축하'와 상반되는 단어입니다. 축하는 시끄럽다는 것을 의미하고, 신나고 즐겁다는 것을 의미합니다. 축하를 표현하려면 손뼉을 치고, 발로 춤을 추고, 최고의 악기로 소리 지르며 즐겁게 최고의 소리로 연주해야 합니다.

반면에, 〈항상 진실케〉와 같은 분위기 있는 곡은 열정적으로, 분위기 있게, 그리고 진실되게 불러야 합니다. 이런 곡들은 노래 부르는 자들이 하나님과 직접 대면하는 것처럼 불러야 합니다. 친밀함이 핵심입니다. 제 아내와 제가 친밀함을 원할 때, 우리는 서로 가깝게 끌어당기고 눈을 바라보면서 부드럽게 말합니다. 우리가 서로 가까워져 있지 않으면 상대방의 얼굴에 소리를 지르게 될 것입니다.

이벤트는 사용되어야 할 표현의 유형을 결정합니다. 저는 토미 테니Tommy Tenny가 한 말을 들은 적이 있습니다. "나의 아내가 길가로 차를 빼기 위해 차에 있을 때에 나는 그녀를 배웅하기 위해 대문에 서서 '사랑해' 라고 외칠 것이고, 아내가 집에 돌아올 때는 그녀를 내 팔로 사랑스럽게 안고 '사랑해, 여보' 라고 달콤하게 속삭일 것입니다."

우리가 찬양과 경배 예배 때 부르는 많은 곡들은 사람들이 드러내야 하는 표현 형태에 영향을 끼칠 것입니다. 노래에 손을 올리라는 가사가 있을 때의 적절한 반응은 손을 올리는 것입니다. 소리 지르고 춤추는 것에 대한 노래라면 인도자는 성도들에게 소리 지르고 춤추기를 권해야 합니다. 만약 하나님 앞에 무릎 꿇는 것을 언급하는 노래라면 무릎을 꿇는 것이 적절한 행동일 것입니다. 앞에서도 말했듯이 성도들을 괴롭히지 마십시오. 예배 시간 동안 적절한 행동을 취하는 지도자이자 본보기가 되십시오.

적절한 순간에 적절한 곡을 선택하라

 선곡 리스트를 만드는 것은 경배와 찬양 예배에서 가장 중요한 부분 중의 하나입니다. 여러분의 곡 선택이 예배가 진행되어 감에 있어서 긴장감을 증가시킬 수도 있습니다. 만약 잘못된 곡이 불리면, 모든 톤이 더 안 좋게 바뀔 수도 있습니다. 경험이 많은 찬양 인도자라면 잘못된 곡이 불러지려 할 때 성령에 의해서 알 수 있을 것입니다. 그 다음 곡이 여러분이 즐겨 부르는 곡이라고 할지라도, 성령을 통해 말씀하시는 하나님의 말씀에 따라야 합니다. 올바른 변화가 일어났을 때, 더욱 더 하나님의 임재가 드러나는 것을 경험하게 됩니다. 이것이 바로 기도를 꾸준히 하는 것이 중요하며 예배가 진행되는 동안 성령이 하시는 말씀에 민감해야 하는 이유입니다. 그 어떤 것보다도 하나님은 예배의 부분이 되시기를 원하십니다. 그러나 하나님의 거룩한 임재를 위해서는 올바른 환경이 있어야 합니다. 가끔은 생일 축하 파티 때 블루스가 불리는 것 같이 부적절한 선곡이 생길 수도 있습니다.

회중 예배 때 독창이나 독주를 제외하라

 일반적으로 솔로나 쇼 케이스 형태의 곡들은 예배를 드리는 동안 모든 회중들을 다 함께 참여할 수 있게 하지 않습니다. 이렇게 되면 예배가 콘서트 형식으로 바뀌기 때문입니다. 여러분은 예배가 관람객의 이벤트가 되는 것을 원하지 않을 것입니다. 여러분의 목표는 가능한 한 많은 사람들이 함께 예배를 드리는 것일 것입니다. 여러분은 모든 사람들이 경배와 찬양을 경험하러 오기를 원할 것입니다. 연합은 주님의 임재가 나타나는 것을 안내해 주는 데에 많은 도움을 줍니다. 지금 소개할 것은 하나님 앞에서 같은 곡을 함께 부를 때에 연합됨을 보여주는 한 예입니다. 연합의 힘을 보여주는 강력한 예가 역대하 5장에서 발견되는데, 노래하는 자들과 음악인들과 제사장들이 함께 사역하고 주님 앞에 자신들의 얼굴을 대고 엎드릴 때 성전에 하나님의 임재가 가득 찼습니다. 저 역시 예배 시간 동안 이와 같은 방법으로 하나님의 임재를 여러 번 경험했습니다.

성령과 함께 부르는 것을 알라

성경은 우리들에게 혼자 또는 회중과 함께 어떻게 노래 불러야 하는지 가르쳐 주고 있습니다. 고린도전서 14장 15절에 "내가 영으로 찬송하고 또 마음으로 찬송하리라"고 말씀하고 계십니다. 우리가 아는 것으로 찬양하는 때와 장소가 있고, 우리의 영이 하나님께 찬양하기를 허락하는 때가 있습니다.

여러분이 그의 임재 안에서 하나님과 개인적인 시간을 보내면, 마침내 그의 이끌림에 맞춰질 것입니다. 회중 예배에서 영으로 노래하는 것은 당신의 예배 경험의 연장선이 될 것입니다. 예배에서 하나님의 임재하심이 점점 커지는 것을 느끼면, 여러분은 성도들이 하나님의 임재하심에 들어가게 할 수 있습니다.

만약 여러분의 개인적인 예배에서 친밀함을 경험해 보지 못했다면 공동 예배에서도 성령과의 친밀함이 행해지고 있는지 알지 못할 것입니다.

예배인도자로서 여러분은 담임 목회자의 입장에서 이러한 표현이 회중 예배에 적절한지 아닌지에 대해 민감할 필요가 있습니다.

"God desires His people to be in His presence. It's what He's been saying since the beginning of time. What I do is just a 21st century approach to getting God's people back to His presence through worship."

하나님께서는 당신의 백성들이 그의 임재하시는 자리에 늘 함께 있기를 창세전부터 말씀하셨다. 예배를 통해 21세기를 사는 사람들이 다시금 하나님의 임재 앞으로 돌아올 수 있도록 하는 것이 내가 해야 할 일이다.

영향력 있는 예배 인도자는 반드시
The Effective Praise and Worship Leader Must

† 지침들과 규범들을 제공해야 한다.
　Give guidelines and rules.

† 질서의 하나님을 경외해야 한다.
　Honor the God of order.

† 운영 지침서 준비해야 한다.
　Prepare an operations manual.

C
H
A
P
T
E
R

9

KEY #8 : 조직

(Organization)

지침들과 규범들을 제공하라

음악 부서에 속해 있는 모든 사람은 규범과 정책을 정확히 이해해야 합니다.

문서로 된 지침서는 사람들이 요구하는 것을 알고 이해할 수 있게 도와줄 것입니다. 대부분의 문제들과 논쟁들에 대한 해답은 여러분의 그룹에 쉽고 빠르게 적용하고 참고할 수 있는 지침들을 개발하는 것으로 간단하게 해결할 수 있습니다.

어떻게 행동해야 하는지 알려주는 지침서가 없다면 사람들은 규제를 팽개쳐버리고 그들만의 규칙을 만들 것입니다. 혼돈에서 발생한 활동과 태도는 오해와 혼란을 야기합니다.

사람들에게는 지침서와 규칙이 필요합니다. 고속도로나 동네 거리에 규정된 법이 없다고 상상해 보십시오. 모든 사람들은 자신의 생각에 맞다고 느끼는 대로 행할 것입니다. 사람들은 다른 사람들을 위한 배려를 잃어버릴 것이고 그들이 방법만이 맞는 방법이라고 할 것입니다.

이스라엘 사람들을 이집트의 구속에서 이끌어낸 후에 사막에서 문제에 직면한 모세를 기억하십니까? 사람들에게는 법이나 지침서가 없었습니다. 모세가 하나님을 만나기 위해 산 정상에 올라갔을 때, 사람들은 자신들의 신을 만들어 그 신에게 경배하였습니다. 법이 없다면, 여러분은 무법 상태가 될 것입니다. 법이 없을 때 반항, 반란, 봉기, 격변, 혁명이 발생할 것입니다.

질서의 하나님을 경외하라

하나님은 단정하고 질서 있게 되어 있는 것을 좋아하십니다. 사탄은 혼란을 만드는 장본인입니다. 철학자 요한 라케는 "법이 없는 곳에는 자유도 없다."라고 말했습니다. 고린도후서 3장 17절에 보면 "주는 영이시니 주의 영이 계신 곳에는 자유가 있느니라"고 성경은 말하고 있습니다. 질서를 잡기 위해 법과 규칙을 실행하는 것은 예배에 들어갈 수 있게 큰 자유를 가져다주고 하나님의 임재로 안내할 것입니다.

법이나 규칙이 없으면 징계 처분할 근거가 없습니다.

경계가 확실하게 정해져 있지 않으면 사람들은 모든 종류의 부적절한 행동에 가담할 것입니다. 여러분은 법과 규칙을 정해놓음으로써 무엇이 옳고 그른지 확실하게 해 둘 필요가 있습니다. 법은 받아들여질 수 있는 행동을 위한 가이드라인의 역할을 제공하고 위반할 때의 결과를 명시해 줍니다. 아이들은 규칙이나 경계가 정해져 있을 때 안도감을 느낀다는 연구 결과가 있습니다. 우리 모두는 우리가 속한 그룹 안에서 사람들이 당면하게 될 이유 있는 상황들에 대한 기대를 가지고 안전하고 평안하기를 원합니다.

운영 지침서를 준비하라

저는 음악 부서의 발전에 대한 것을 물어보는 사람들에게, 부서가 수용할 수 있는 구체적인 법령의 윤곽outline이 잡힌 운영 매뉴얼을 만들고 시작하라고 권합니다. 모든 대원들이 매뉴얼 복사본을 받을 수 있게 하고, 음악 부서에 새로운 대원을 받자마자 매뉴얼 복사본을 꼭 주십시오. 매뉴얼을 다시 보고 사람들로부터 질문을 받는 시간을 일 년에 두세 번 정도씩 갖는 것이 좋은 생각인 것 같습니다. 모든 사람들이 무엇을 요구하고 있는지 분명한 이해가 필요합니다.

　대원들에게 매뉴얼을 배부하기 전에 반드시 운영 매뉴얼에 대한 목회자의 승인을 받아야 합니다. 목회자께 매뉴얼을 한 부 드리고, 제안 혹은 수정할 부분을 말씀해 주시면 즉시 수정하십시오.

　지도자로서 여러분의 그룹 모든 대원들에게 적절한 행동을 주장해야 합니다. 절대로 우정을 책임감 위에 두지 마십시오. 그룹 대원들과 친구가 될 수 있다면 참 좋은 일입니다. 그러나 하나님의 백성의 지도자로서 하나님과 교회 지도자들에게 책임감이 있다는 것을 기억해야 합니다. 우정 때문에 판단이 흐려져서는 안 되고, 대원들 중에 누군가를 편애해서도 안 됩니다. 운영을 위한 매뉴얼에 다음과 같은 항목들이 포함되어야 합니다.

> 1. 예배 스케줄, 장소와 시간
>
> 　그 주의 각 예배를 시간과 장소에 따라 리스트로 작성해야 합니다. 또한 각 예배 전에 보고의 시간을 포함시키십시오.
>
> 2. 리허설 스케줄, 장소와 시간
>
> 　그 주의 각 리허설은 시간과 장소에 따라 리스트로 작성해야 합니다.
>
> 3. 드레스 코드
>
> 　저는 여행을 할 때, 어떤 옷을 입는 게 적절한지 우리 팀에게

말해 줍니다. 어떤 교회는 여성이 바지나 민소매 셔츠를 입는 것을 좋아하지 않습니다. 저의 주된 기본적인 드레스 코드는 수수하고 깔끔한 복장입니다.

   a. 모든 부서원들은 예배 드레스 코드를 알고 있어야 합니다(예복, 정장과 넥타이, 드레스 또는 바지 등등).

   b. 또한 각 대원에게 금지되는 복장을 알려야 합니다(찢어진 청바지, 반바지, 청바지, 티셔츠, 슬리퍼, 홀터 상의 등등).

4. 징계 조치

   a. 불법적이고 비도덕적이며 기독교인 같지 않은 행동은 운영 매뉴얼에 명백하게 정의된 지시에 따라 신속하고 단호히 처리되어야 합니다.

   b. 모든 징계 처분은 교파, 지역 교회, 법에 일치하여야 합니다.

   c. 부서 지도자는 상담, 정직suspension, 해고dismissal에 관한 규제에 대해서 알아야 합니다.

5. 교회 지휘 체계

모든 사람들은 교회와 교회의 기름 부음을 받은 대표자의 권위에 순종하고 존경해야 합니다.

  - 목회자와 사모님

  - 부목회자

  - 장로님과 집사님

6. 부서 지휘 체계

모든 사람들은 음악 부서와 임명된 대표자들의 권위에 순종하고 존중해야 합니다.
- 음악목회자 / 책임자
- 찬양 인도자
- 최고위자 음악인
- 콰이어 책임자
- 부서 지도자들

7. 회비

만약 해당되면 회비를 내고, 아니면 내지 않습니다.

8. 적절한 행동과 부적절한 행동

껌, 사탕, 물, 박하사탕 등등

9. 벌금

회비에 따라 다르게 합니다. 벌금은 징계 조치의 결과입니다.

10. 계절별 작품

크리스마스, 부활절, 추수 때와 휴가 때의 작품들은 특별한 지시가 필요합니다. 종종 음악 부서 외의 사람들이 포함됩니다.

11. 봉사 활동

봉사 활동은 종종 교회에서 멀리 떨어진 곳으로 갑니다. 교회 외의 행사에는 특별한 지시가 필요합니다. 봉사 활동은 대개 공공건물이나 개인기관에서 대중을 초대하여 열립니다. 해야 할 것들과 하지 말아야 할 것들을 분명히 알려주어야 합니다.

12. 수련회/선발대

이 여행은 음악 부서가 하나님께 기도하고 하나님을 구하기 위해, 그리고 서로 유대 관계를 맺기 위해 한적한 장소로 떠나는 것입니다. 다시 한번 해야 할 것들과 하지 말아야 할 것들을 확립해 놓을 필요가 있습니다. 수련회는 영적이고 거룩한 체험으로 유지된다는 것을 기억하십시오.

13. 컨퍼런스와 세미나

컨퍼런스와 세미나는 그룹이나 개인을 만날 수 있고 다른 교회 사람들이나 사역자들이 가진 기술, 재능과 가치관의 생각과 아이디어를 나눌 수 있는 중요한 기회입니다. 이 행사에 참석하는 대표자들은 성도들의 대사관입니다. 대표자들은 성도들이 무엇을 요구하는지, 어떻게 행동해야 하는지에 대해 알아야 합니다. 대표자들의 행동과 태도는 여러분의 교회나 음악 부서에서 사용되고 있는 가르침과 규율의 수준에 직접적으로 반영될 것입니다.

> 14. 선교
>
> 선교는 단기 선교가 될 수도 있고 장기 선교가 될 수도 있습니다. 종종 선교를 위해 돈을 모으거나 교회에서 측정된 비용에서 지출합니다. 누가 이 선교 여행과 목표에 알맞은 사람인지 확실하게 설명되어야 합니다.

진실성, 지출, 도덕성, 영성, 상냥함에 관해 지침서에 확립해 놓아야 합니다. 선교지에 있는 대사는 천국에 대해서 나타낼 뿐만 아니라 외국인들에게는 성도의 얼굴이 되기도 합니다.

이런 유형의 봉사의 일례는 제 사역에서도 볼 수 있습니다. 제가 밴드와 함께 여행할 때, 저는 밴드 구성원들이 자신들에게 기대되어지는 것을 안다고 믿습니다. 그들은 여행에서 주 예수와 제 사역을 보여줍니다. 우리들이 귀족들과 만났을 때 저는 저희 팀이 허리를 굽혀 인사하는 법을 알기를 기대합니다. 그들은 "전하" 또는 "여왕 폐하" 라고 말할 때를 알아야만 합니다. 저와 함께 여행을 하는 사람들은 그들이 주빈일 때 제공되는 음식을 먹게 될 것이라는 것을 이해합니다. 어떤 문화는 존경심을 표한다는 의미로 보통 우리 문화에서 먹을 수 없는 특별한 음식으로 맞이할 것입니다. 그들이 우리에게 제공해 주는 영광을 거절한다면 그들이 불쾌해 할 위험이 있습니다.

운영 매뉴얼을 발전시켜서 목회자의 승낙을 받아내십시오. 목회자의 지원을 받으면 음악 부서에 복사를 해서 나눠 주십시오. 그리고 그룹과 함께 매뉴얼을 검토할 시간을 가지십시오. 여러분이 매뉴얼을 생활화하지 않으면, 여러분의 그룹도 생활화하지 않을 것입니다. 여러분이 매뉴얼을 준수하지 않으면, 여러분의 그룹 또한 준수하지 않을 것입니다.

영향력 있는 예배 인도자는 반드시
다음과 같은 사항들을 알고 있어야 합니다.
The Effective Praise and Worship Leader Must Know

† 찬양대란 무엇인가?
  What is a choir?

† 찬양대는 공식적일 수도 있고, 비공식적일 수도 있다.
  Choirs can be formal or informal.

† 성서적인 찬양대의 역사
  History of scriptural choirs

† 성전 찬양대의 역사
  History of sanctuary

CHAPTER

10

찬양대의 중요성
(The Importance of a Choir)

찬양대란 무엇인가?

찬양대는 함께 노래하기 위해 모인 싱어들의 그룹입니다. 남자와 여자가 섞여 구성될 수도 있고, 남자로만 구성되어 있거나 아니면 여자로만 구성되어 있거나, 어른들과 아이들, 또는 아이들로만 구성될 수 있습니다. 또한 소년들이나 소녀들로만 구성되어 있는 경우도 많이 있습니다.

찬양대는 공식적일 수도 있고, 비공식적일 수도 있습니다.

공식적인 찬양대는 목소리의 음역과 음질에 따라 나눠집니다. 대부분 공식적인 찬양대는 세 개나 네 개의 그룹으로 나뉩니다 : SAT(소프라노, 알토, 테너) 또는 SATB(소프라노, 알토, 테너, 베이스). 일반적으로 공식적인 찬양대는 오디션을 통하여 각각의 목소리의 음역과 음질에 따라 적절한 위치에 배치됩니다.

각 섹션은 그들이 노래하는 음표나 파트를 가지고 있습니다. 모든 파트가 동시에 연주를 하게 되면 그 음악을 듣는 사람들에게 아주 아름다운 음악을 만들어 줄 수 있게 됩니다. 비공식적인 찬양대는 노래하는 것을 그냥 즐기기 위해 함께 모인 사람들입니다. 그들은 공식적인 훈련이나 화성, 음악 이론에 대한 개념이 없을 수도 있습니다. 이들은 오디션을 보지도 않고 그들이 원하는 파트에 들어갈 수 있도록 허용됩니다. 화성을 만들어 부르는 노래에 대한 훈련이 부족하기 때문에, 대부분의 싱어들은 자신들이 할 수 있는 최고의 멜로디를 부를 것입니다. 그들은 공식적인 찬양대만큼 실력을 갖추지는 않았지만 일반적으로 그들은 신나는 음악을 만들 것입니다.

찬양대는 수가 많을 수도 있고 적을 수도 있습니다. 10명 미만으로 구성된 그룹을 종종 '합창 앙상블' Choral Ensemble이라고 부릅니다. 교회에서는 이들을 '워십팀' Worship Team 또는 '백라인싱어' Back Line Singer라고 부릅니다. 저는 개인적으로 천 명의 싱어로 구성되어 있는 팀에도 있어 보았고, 10명 이하로 구성된 팀에도 있어 보았습니다.

성서적인 찬양대의 역사

최초의 찬양대에 대한 언급 중 하나를 출애굽기에서 발견할 수 있습니다. 이스라엘의 자손들이 홍해를 건넌 후에, 모세는 자신의 백성을 구원하신 하나님과 애굽의 군대를 멸하시는 하나님에 관한 노래를 썼습니다.

> "이 때에 모세와 이스라엘 자손이 이 노래로 여호와께 노래하니 일렀으되 내가 여호와를 찬송하리니 그는 높고 영화로우심이요 말과 그 탄 자를 바다에 던지셨음이로다" (출애굽기 15:1)

> "아론의 누이 선지자 미리암이 손에 소고를 잡으매 모든 여인도 그를 따라 나오며 소고를 잡고 춤추니 미리암이 그들에게 화답하여 이르되 너희는 여호와를 찬송하라 그는 높고 영화로우심이요 말과 그 탄 자를 바다에 던지셨음이로다 하였더라" (출애굽기 15:20-21)

이스라엘의 자손들은 400년이 넘는 시간 동안 애굽에 포로로 잡혀 있었습니다. 그들은 혹독한 노예 제도과 박해로 애굽의 지배를 받았습니다. 그 당시 세대의 히브리 사람들은 선택의 자유와 행동이 없었기 때문에 글을 읽지도 못하고 쓰지도 못했을 가능성이 있습니다. 모세에 의해서 쓰인 구원의 사건이 기록되었음에도 불구하고, 사람들은 자신들에 대한 글을 읽을 수가 없었습니다. 출애굽기에 나오는 이 부분은 모세가 쓴 노래로, 사람들이 노래 부르도록 한 곡이었습니다. 이것은 모든 이스라엘의 자손들이 하나님께서 우리 대신에 위대한 일을 행하셨다는 것을 기억할 수 있게 해주는 방법 중의 하나였습니다. 그들은 애굽의 혹독한 포로 생활에서 구원하신 분이 여호와이며 그분이 진실한 유일신임을 사람들로 하여금 기억하며 되새기게 하기 위해 이 노래를 계속해서 불렀으며 자손들에게도 불러주었습니다.

경배와 승리의 노래를 부를 때마다 그들은 하늘 하나님의 힘과 능력을 송축했습니다. 미리암과 히브리 여인들은 탬버린을 가지고 춤을 추며 진영의 모든 곳을 돌아다니며 노래하는 것을 이끌었습니다.

물론 이것은 비공식적인 찬양대입니다. 싱어를 위한 오디션이 없다는 것에서 나타납니다. 보아하니 모든 여자들은 노래하고 춤추는 곳에 참여하기 위해 초대받았습니다.

이 말씀 구절에서 우리는 찬양대가 하나님의 백성들에게 얼마나 값지고 중요한지 볼 수 있습니다. 회중들이 함께 모일 때 하나님께서 우리를 위해 어떤 일을 하셨는지 다시 돌아보는 것이 중요합니다. 교회 찬양대는 간증, 경배, 존경, 하나님께서 우리 대신 만드신 신적 개입 등을 음악적으로 낭송합니다. 그들은 자신의 백성을 향한 하나님의 인자하심과 비길 데 없는 사랑을 나타내는 노래들을 부릅니다. 그런 노래들은 그의 이름을 부르는 사람들을 향한 하나님의 신실하심에 대해 말합니다. 그런 노래 중 하나가 사무엘상 29장 5절 말씀에서 발견됩니다. "그들이 춤추며 노래하여 이르되 사울이 죽인 자는 천천이요 다윗은 만만이로다 하던 그 다윗이 아니

니이까 하니."

찬양대들은 찬양대 석에만 한정되어서는 안 됩니다. 위의 구절을 보면, 여자는 함께 가서 다윗의 위대한 승리를 노래했습니다. 그들은 다윗의 위업을 사울왕의 승리와 비교하며 송축하는 것을 기쁨과 흥분으로 춤추고 노래했습니다. 거리는 히브리 군대에서 새로운 승리자가 등장한 것에 대한 곡조와 가사로 가득 차 있었습니다.

다음에 오는 말씀은 찬양대나 노래하는 그룹들이 함께 노래하는 것을 더 잘 묘사해 줍니다.

> "솔로몬이 예루살렘에서 여호와의 성전을 세울 때까지 그들이 회막 앞에서 찬송하는 일을 행하되 그 계열대로 직무를 행하였더라"
> (역대상 6:32)

이 구절에서는 찬양대들이 하나님 앞에서 직무를 행하는 것을 볼 수 있습니다. 이 찬양대는 다윗 왕에 의해 임명된 레위인으로 구성된 공식적인 찬양대였습니다. 그들은 음악과 노래에 뛰어났기 때문에 뽑혔습니다. 그들은 계속적으로 시온산에 있는 회막에서 하나님께 희생을 제물로 드리며 직무를 행했습니다.

각 싱어는 하나님 앞에서 드리는 음악적 예배에 할당된 임무와 시간이 있었습니다.

> "다윗과 이스라엘 온 무리는 하나님 앞에서 힘을 다하여 뛰놀며 노래하며 수금과 비파와 소고와 제금과 나팔로 연주하니라"
> (역대상 13:8)

다윗 왕이 법계를 기럇여아림에서 시온으로 가지고 오는 첫 번째 시도에서, 우리는 찬양대가 음악인들과 동반하는 것을 볼 수 있습니다. 이것은 모든 이스라엘이 찬양에 참여하도록 초청되었기 때문에 아마도 비공식적인 싱어들의 모임이었을 것이다.

> "여호야다가 여호와의 전의 직원들을 세워 레위 제사장의 수하에 맡기니 이들은 다윗이 전에 그들의 반열을 나누어서 여호와의 전에서 모세의 율법에 기록한 대로 여호와께 번제를 드리며 자기들의 정한 규례대로 즐거이 부르고 노래하게 하였던 자들이더라"
> (역대하 23:18).

이 찬양대는 공식적인 찬양대였습니다. 여호야다 왕이 전적으로 책임권을 가진 찬양대였습니다. 그는 주님의 성전에서 직무를 행할 노래하는 자들과 음악가를 선택했습니다. 그들은 탁월함과 기술 때문에 뽑혔습니다.

> "예루살렘에 모인 이스라엘 자손이 크게 즐거워하며 칠 일 동안 무교절을 지켰고 레위 사람들과 제사장들은 날마다 여호와를 칭송하며 큰 소리 나는 악기를 울려 여호와를 찬양하였으며"
> (역대하 30:21).

찬양대들은 지정된 축제 때 직무를 수행했습니다. 우리는 여기서 그 축제가 7일 동안 계속 되었고 노래하는 것이 축제의 주된 부분이었다는 것을 알 수 있습니다.

> "예레미야는 그를 위하여 애가를 지었으며
> 모든 노래하는 남자들과 여자들은 요시야를 슬피 노래하니
> 이스라엘에 규례가 되어 오늘까지 이르렀으며
> 그 가사는 애가 중에 기록 되었더라"
> (역대하 35:25)

요시야 왕의 임종 때에, 남성 찬양대와 여성 찬양대는 총애하는 왕을 위해 애가를 지었습니다. 여자의 사회적 신분이 남자보다 낮았기 때문에, 두 찬양대가 함께 노래하는 것은 일반적이지 않은 일이었습니다. 그럼에도 불구하고, 두 찬양대가 함께 음악으로 직무를 행한 것을 볼 수 있습니다.

> "그 외에 노비가 칠천삼백삼십칠 명이요 그들에게 노래하는
> 남녀가 이백사십오 명이 있었고"(느헤미야 7:67)

유다 사람들은 바벨론에서 선지자 에스라와 함께 예루살렘으로 돌아가는 것을 허락 받았습니다. 그때 그들은 남여 모두 합해 200명의 노래하는 자들 데리고 오는 것을 조심해야 했습니다.

예루살렘에서 높은 수준의 예배를 다시 드리기 위해 유대인들이 헌신적인 남여 혼성 찬양대를 가졌을 것이라는 것은 중요합니다.

> "예루살렘 성벽을 봉헌하게 되니 각처에서 레위 사람들을 찾아
> 예루살렘으로 데려다가 감사하며 노래하며 제금을 치며
> 비파와 수금을 타며 즐거이 봉헌식을 행하려 하매"
> (느헤미야 12:27)

예루살렘의 벽들은 다시 세워졌고 주님을 찬양하기 위해 참여한 싱어들과 음악가들을 포함한 축하 잔치가 열렸습니다.

이 외에도 찬양대 및 그룹으로 노래하는 것에 관련된 말씀은 많이 있습니다. 이것은 단지 일부에 불과합니다.

성전 찬양대의 역사

① 중세 시대의 음악

4세기에 이탈리아의 가톨릭교회에서 찬양대가 노래하는 스타일을 그레고리안 성가Gregorian Chant라고 불렀습니다. 이 음악 스타일은 교회 수도자들에 의해서 먼저 아카펠라(악기 없이 부르는 노래)로 불리웠습니다. 그레고리안 성가는 아직까지 가톨릭교회의 많은 전통적인 예배에서 사용되고 있습니다.

그레고리안 성가는 교황 그레고리 1세 이후에 이름이 지어졌습니다. 많은 그림들은 비둘기로 형상화된 성령이 그의 어깨 위에서 노래를 부르면 성직자들에게 전해지는 모습을 묘사합니다. 성직자들은 그레고리안 성가를 선택하여 그들의 사역 때 사용했을 것입니다.

일반적으로 이 음악은 유니슨(한 목소리로 한 선율을 부르는 형태)으로 부릅니다. 그러나 다성 음악에서는 독창자들이 부를 때도 있습니다. 독창자들은 명백하게 두개의 다른 성부를 불렀을 것입니다.

② 르네상스 시대의 음악

15세기에는 르네상스 음악이라고 불리는 새로운 합창음악 스타일이 소개되었습니다. 합창음악은 전 유럽에서 매우 유명해졌고, 많은 작곡가들은 가톨릭교회의 미사를 위해 공식적인 음악으로 작곡했습니다.

르네상스 음악은 음악 이론, 작곡, 연주의 더욱 높은 수준을 소개했습니다. 중세 시대의 음악은 하나의 선율로 제한되어 있었고 가끔 대선율이 추가되었습니다. 세 번째 선율을 가진 음악은 불협화음으로 간주되었습니다. 세 번째 선율이 추가되면서, 작곡을 할 때 더 넓은 음역이 추가되었습니다. 따라서 더 많은 성악 기술, 음역과 더 정확한 음높이가 요구되었습니다. 이 음악은 목소리의 부드러움과 혼합을 위해 요구를 창조해 내었습니다.

많은 악기가 르네상스 시대 동안 만들어졌습니다. 세속적인 음악에 사용되었던 악기가 교회에서 사용되고 있었습니다. 각 악기들은 그 악기만의 스타일과 목적이 있습니다. 일반적으로 사용된 대부분 악기들은 뿔, 줄, 타악기 그리고 목관 악기였습니다.

세속적인 음악은 마드리갈Madrigals이라 불리는 소규모의 합창단을 만들어 냈습니다. 이 그룹은 일반적으로 사랑, 마시는 것과 먹는 것에 대한 노래를 불렀습니다. 마드리갈은 일반적으로 서부 유럽의 파티나 술집에서의 기분을 불러일으켰습니다.

③ 바로크 시대의 음악

바로크 시대의 음악은 17세기 초에 시작되었습니다. 이 시기는 더 정교하고 어려운 작업의 음악을 소개했습니다. 음악이론과 모방적인 대위법이 이 시대 동안 대단히 발전되었습니다. 바로크 시대는 작곡가들에게 크기나 음역, 복잡성의 범위가 확장되는데 도전이 되었습니다. 이 시기에 오페라로 발생하였습니다.

바로크 시대 음악의 주된 힘은 리듬과 즉흥에서 감정, 장식, 변주의 통일성입니다.

바로크 시대에 헨델이 〈메시아〉를 작곡했으며, 이 곡은 서양 음악에서 가장 인기 있고 유명한 합창곡 작품 중 하나입니다. "할렐루야 합창"이 〈메시아〉 안에 들어 있습니다.

미국에서는 특정한 때에 많은 콰이어들이 도시의 음악 강당에서 이 작품을 함께 노래하기 위해 함께 모일 것입니다. 진정한 걸작입니다.

④ 중요성

찬양과 경배 지도자가 찬양대의 역사에 대한 더 많이 이해한다면 합창의 강점을 더 잘 이용할 수 있고 약점은 피할 수 있습니다.

"Friend, be confident in God's calling on your life. Not
doing so gives the enemy an open door to bring you down.
If the enemy can get you to doubt your identity in
Christ and in God's ability to do with you
what He purposes to do, then the enemy has won."

"여러분, 당신의 삶을 향한 하나님의 부르심에 대해
확신을 가지십시오. 그러한 확신이 없다면 사단에게
당신을 무너뜨릴 기회의 문을 열어주게 됩니다.
사단이 주님 안에 당신의 정체성과
당신을 향한 그분의 목적을 위해 주신
하나님의 능력들에 대해 의문을 갖게 한다면,
그때는 이미 사단이 이긴 것입니다."

영향력 있는 예배 인도자는 반드시 다음과 같은 사항들을 알고 있어야 한다.
The Effective Praise and Worship Leader Must Know

- † 현대 찬양대의 역할
  The role of a contemporary choir

- † 누가 교회 찬양대에 들어갈 수 있는가
  Who should be in a church choir

- † 찬양대원을 선발하는 방법
  How to select choir memebers

- † 찬양대 지휘자의 자격 및 요건
  Qualification of a choir director

- † 찬양대를 관리하는 데 있어서의 문제들
  Issues in governing

- † 규범 vs 정책
  Law VS policy

- † 운영 지침서 속에 포함된 찬양대 세부 규칙
  The choir specifics to include on the operations manual

- † 규율상의 행위 훈련을 위한 시간
  The time for disciplinary action

CHAPTER

11

현대 교회의 찬양대
(The Comtemporary Church Choir)

현대 찬양대의 역할

우리는 성경에서 찬양대와 노래하는 사람들이 차지하는 중요성과 가치를 이미 알고 있습니다. 그들은 하나님이 우리에게 행하신 것을 기억할 수 있도록 도와줍니다. 그들은 음악을 통해 우리의 전능하신 창조주의 행위, 작업, 약속, 특징과 속성들을 떠오르게 해주었습니다. 그들은 하늘에 계신 아버지에 대한 찬양과 고백 속으로

103

우리를 이끌었습니다. 이러한 찬양들은 우리로 하여금 예배 때 하나님을 얼마나 사랑하고 경외하는지 말하도록 도와줍니다.

찬양대와 찬양팀(혹은 작은 찬양대)은 회중과 함께 찬양하며 주를 찬미하는 그들을 격려하고 그들에게 영감을 줍니다. 물론 이들은 화음 파트를 부르고 음악의 아름다움을 향상시킵니다. 그러나 예배와 찬송은 결코 관객들에게 보여 지는 것이 되어서는 안 됩니다. 다윗 왕은 시편 34편 3절에 이렇게 썼습니다. "나와 함께 여호와를 광대하시다 하며 함께 그 이름을 높이세!"

회중들은 너무나도 자주 그들이 찬양할 수 없다고 말하고, 강단 위의 싱어들이 찬양의 모든 부분을 담당하기를 원하는 것 같습니다. 그러나 하나님은 모든 사람들이 하나님을 찬송하려고 애쓰기를 원하십니다. 침묵의 찬양과 예배 같은 것은 존재하지 않습니다. 성경은 살아 있고 호흡하는 모든 사람들이 하나님을 찬양하고 경배하기를 요구합니다. 시편 150편 6절에서 다윗왕은 "호흡이 있는 자마다 여호와를 찬양할 지어다"라고 말씀하십니다. 좋은 아이디어, 제안 또는 생각해 볼 어떤 것과 같은 생각이 아닌 어떤 것을 왕이 명할 때 그것은 즉시 법이 됩니다.

찬양대는 또한 그리스도의 몸을 축복하고 높이기 위하여 특별한 음악 공연을 제공합니다.

누가 교회 찬양대에 들어갈 수 있는가

* 교회 찬양대는 어떤 멤버들로 구성되어야 하는가
- 찬양에 대한 진실한 사랑과 합창에 대한 열정을 가진 자
- 개인적으로, 그리고 그룹의 나머지 사람들과 함께 음악을 배우고자 하는 의지가 있는 자
- 다른 싱어들과 협력하고 마음이 잘 맞는 자
- 음조가 맞고 좋은 리듬감을 가진 자. 음악의 아름다움이 항상 정확한 피치와 정밀한 타이밍에 의해 결정되기 때문에 이것은 매우 중요합니다.
- 기꺼이 모임에 시간을 할애하는 자. 찬양대에 참여하기 위해서는 주말마다 연습 시간을 가져야 하고(가끔 있는 특별 행사들을 위해서는 더 자주) 예배와 공연을 위해 시간을 조정해야 합니다.
- 그룹의 지도력을 허용하는 자. 각 멤버들은 지휘자/감독의 지도력을 인지하고 순종해야 합니다. 지휘자/감독은 빈번히 지시와 임무를 줄 것입니다. 각 멤버들은 이러한 요구들에 순응해야 합니다.
- 삶의 방식이 성경과 그들의 교리에 일치하는 자. 찬양대 멤버들은 하나님 말씀 안에서 그리스도인으로 성장해야 하고 교회의 교리에 따라 살아가야 합니다. 그들은 교회의 대표자들로 생각되지는 않을 것입니다. 그러나 그들은 개인적인 공동체, 가족 구성원들, 이웃들에게 그들이 출석하는 교회의 대사들입니다.

찬양대원은 어떻게 선발하는가

✻ 공개적인 제안

많은 찬양대 지휘자들, 특히 작은 교회의 지휘자들은 음악을 좋아하는 어떤 사람이든 찬양대에 참여하기를 원합니다. 그들은 언제든지 참여할 수 있도록 초청을 개방하며 찬양대석에서 찬양할 수 있는 기회를 모든 사람들에게 줍니다. 그들은 음악적 지식과 기본적인 기술이 있을 수도 있고 없을 수도 있습니다. 물론 찬양대 안에 훈련되지 않고 교육되지 않은 보컬리스트들이 있을 때 여러분은 언제나 말할 수 있습니다. 그 그룹은 활기찰 수도 있지만 음악의 질은 떨어질 것입니다.

✻ 오디션

찬양대 단원을 오디션 할 때 각 싱어들은 그들의 기술 수준, 목소리의 소질, 소리 높이의 위치, 그리고 때때로 그들의 음악을 읽는 능력에 따라 선택됩니다. 오디션을 받은 찬양대의 음악적 소리는 항상 더 맑을 것이고 더욱이 잘 섞일 것이며 음높이와 타이밍이 더욱 정확, 세련될 것입니다.

대부분의 경우 오디션을 받은 찬양대들은 오디션을 받지 않은 찬양대보다 더 훌륭한 곡을 선택하여 공연할 수 있고 음악을 더 빨리 배울 수 있습니다.

찬양대 지휘자의 자격 및 요건

이 책의 처음에 우리는 예배 인도자와 찬양의 자격에 대해 논의했습니다. 많은 경우 찬양과 예배 인도자는 찬양대를 이끄는 사람이기도 합니다. 그러나 어떤 교회들은 오직 찬양대와 찬양대만 사역하는 지휘자가 있습니다. 찬양대 지휘자는 솔리스트(홀로 지휘하는 사람)가 아닙니다. 하지만 찬양과 예배 인도자는 항상 솔리스트입니다.

찬양대 지휘자와 찬양과 예배 인도자가 다른 경우, 우리는 다음의 필수 요건을 발견합니다.

* 교육 - 지도부 안에 있는 사람들은 그들이 시도하고 있는 것에 대해서 알아야 합니다. 인도자들을 위한 지속적인 교육이 필수적입니다.
* 찬양대 지휘자는 음악 이론과 화성에 관한 기본 지식을 가지고 있어야 합니다.
* 찬양대 지휘자는 찬양대 단원에게 각 파트들, 쉼(간격)과 리듬을 정확하게 보여주는 노래 실력을 가지고 있어야 합니다.
* 찬양대 지휘자는 자신감, 대담함, 지식 그리고 목적을 가지고 찬양대 앞에 서야 합니다.
* 찬양대 지휘자는 지휘 기술, 손동작과 신호들을 실행할 수 있어야 합니다.
* 찬양대 지휘자는 찬양대와 함께하는 다른 음악인들과 함께

일할 수 있어야 합니다.
* 찬양대 지휘자는 찬양대원들을 그들의 능력에 따라 적절한 위치에 배치할 수 있어야 합니다.
* 찬양대 지휘자는 개별 파트 연습을 시킬 수 있어야 합니다.
* 찬양대 지휘자는 찬양대가 효과적으로 공연할 수 있는 곡을 선택해야 합니다.
* 지휘자들은 찬양대원들에게 개별적이고 집합적으로 동기부여, 영감, 그리고 도전을 주는 지도력의 기술을 가지고 있어야 합니다.
* 찬양대 지휘자가 가져야 할 리더십의 능력들은 우리가 언급하였던 예배 인도자를 위한 것과 동일한 요구 조건들을 포함해야 합니다.
* 행정적인 능력들
* 온화한 목회 훈련
* 비전은 다음 단계로 가는 필수 요건입니다. 지휘자는 현재 자신들이 어느 위치에 있으며 어디로 가고자 하는지를 이해하고, 그곳으로 갈 수 있는 길을 결정해야 합니다.

찬양대를 관리하는 데 있어서의 문제들

* 규칙, 정책, 조례 - 모든 찬양대는 그 그룹이 효과적으로 운영될 수 있도록 하는 조항을 가지고 있어야 합니다.

> 여러분이 질서와 수행에 관한 확정된 공식적인 조항을 가지고 있지 않을 때, 단원들은 그들이 원하는 대로 하려고 할 것입니다. 따를 수 있는 조항이 하나도 없을 때는 혼란, 거부, 경시, 그리고 무질서를 갖게 될 것입니다. 사람들은 그들의 영역과 한계를 알아야 합니다. 그들에게 법이 없을 때 그들은 비합법적이고 무질서하게 행동할 것입니다.

제가 앞에서 언급한 것처럼, 모든 그룹은 분명히 정해져 있고 이해하기 쉬운 문서화된 법, 정책, 규칙들을 가지고 있어야 합니다. 이 수행 조항은 신구 회원에 상관없이 제공되어야 합니다.

> * 시간엄수 - 게으름은 대부분의 상황에서 허용되거나 용납되지 않아야 합니다. 많은 그룹들과의 경험을 통해, 저는 지각에 대한 대부분의 변명들이 거짓말이거나 반만 진실이거나 무책임에 대한 결과라고 결론을 내렸습니다. 한두 번의 지각에 대해서는 합법적인 이유가 있다고 믿지만, 계획을 잘 세우는 사람은 긴급 상황이나 그들을 붙잡는 기대치 않은 사건에 대해서 시간 관리를 할 것입니다.

저는 이러한 방식에 어울리는 속담 하나를 골라보았습니다.

일찍 오는 것은 칭찬받을 만 한 것이고
제시간에 오는 것은 당연하게 여겨지는 것이고
늦는 것은 용납될 수 없는 것이다.

지각은 어떤 구성원들에게나 그냥 봐줄 수 있는 문제가 아닙니다. 한 사람이 지각한 것을 교묘히 모면하는 것을 구성원들이 보게 되면, 다른 이들도 그 사례를 지각할 수 있는 기회로 사용할 것입니다.

상습적인 지각이 문제로 다루어지지 않는다면 습관적인 것이 될 수 있습니다. 저는 한때 온 마음으로 주님을 사랑한 한 밴드 단원을 두고 있었습니다. 그녀는 매우 재능이 있고 음악 부서의 일부가 되는 것을 정말로 좋아했습니다. 저는 그녀의 재능과 기름 부으심을 알아보아 가능한 한 많이 그녀를 고취시키려 노력하였습니다. 음악은 그녀의 열정이었고, 그녀는 가능한 모든 상황에서 봉사하기위해 마음의 헌신을 다하였습니다.

그러나 그녀는 꽤나 여러 번 지각을 하였습니다. 그녀의 변명은 항상 동일했습니다. 그녀의 아이들을 챙겨야 했다는 것입니다. 그녀에게는 6살, 4살 그리고 2살 된 세 아이가 있었습니다. 세 명의 어린 아이들에게 필요한 지속적인 관심 때문에 그녀는 탈출구가 필요했습니다. 그녀가 음악 부서에 참여하는 것은 그녀의 치료법이었습니다. 그녀는 진정한 예배자였으며, 나는 하나님이 언젠가 멋진 방법으로 그녀를 사용할 것이라는 것을 볼 수 있었습니다. 우리 음악 부서는 그녀가 그녀의 개인적인 삶과 적절한 가능성에서의 그녀의 자존감을 유지하도록 하기 위해 매 주마다 시간을 변경했습니다. 물론 그녀는 그녀의 남편과 아이들을 사랑했지만, 밴드에서의 연주는 매우 바쁘면서도 정신없는 세상에서 그녀에게 마음의 평화를 유지시켜주는 데 도움을 주었습니다.

하나님의 손이 그녀의 삶에 펼쳐져 있음을 알았기에, 저는 그녀의 지속적인 지각 때문에 그녀를 이 그룹에서 내보내기를 원치 않았지만, 나는 무언가를 해야만 했습니다. 그녀와 상담을 하면서 저는 그녀의 경탄할 만한 재능 때문에 그녀의 지각에 대해서 이의를 제기했던 그룹이 하나도 없었다는 것을 알게 되었습니다. 그들은 그녀가 기분이 상해 그곳을 떠날까봐 두려워하고 있었습니다.

상담을 하면서 저는 그녀가 어떠한 양육 기술을 배운 적이 없음을 알게 되었습니다. 미국의 많은 젊은 남자와 여자들은 그들이 어떻게 부모가 되어야 하는지에 관한 어떤 수업도 듣지 못한 채 가족을 시작하게 됩니다. 저는 교회의 성도 중에서 나이 지긋한 엄마들 중 한 분에게 양육과 가족 문제에 대한 그녀에게 멘토가 되어주도록 요청했습니다. 그래서 어떻게 그녀가 좀 더 효율적으로 가족들을 돌볼 수 있는지에 관한 조언을 주도록 했습니다. 이것이 그녀가 극복해야 할 지각에 대한 마음을 무너뜨리도록 도울 것이었습니다.

그녀는 인생 선배의 조언을 받고는 기뻐했습니다. 그 젊은 엄마는 시간을 아끼고, 미리 계획을 세우고, 집을 관리하고, 여러 활동들을 동시에 할 수 있게 하는 많은 유용한 방법들을 배웠습니다.

저는 즉시 그녀가 달라진 것을 보게 되었습니다. 그녀는 지각을 극복하고 우리 음악 부서 지도자 중의 하나가 되었을 뿐만 아니라, 교회의 다른 사역들에서도 중요한 역할을 지속적으로 맡게 되었습니다.

그녀는 15분이나 20분 정도 늦는 것이 허용될 만한 습관이라 여겨진 장소로 가곤 했었고, 저는 이를 어떻게든 처리했어야 했습니다. 저는 그녀를 잃고 싶지 않았지만 부적절한 행동의 범위를 받아들이지는 않았습니다. 제가 그녀와 맞서지 않았더라면 그녀는 변화되지 않았을 것입니다.

규범 vs 정책

규범은 그룹의 모든 구성원에게 적용됩니다. 가장 중요한 위치에 있는 사람에서 가장 역할이 미미한 사람에 이르기까지 모두에게 말입니다. 어떤 이가 규범을 어겼을 때, 벌이나 규제가 반드시 주어집니다. 어느 누구도 단체를 다스리는 규범에서 면제가 되지 않습니다. 규범은 어느 누구 한 사람을 위해서 바뀌거나 조정될 수 없습니다.

불행히도 규범에는 은총이라는 것이 없습니다. 때때로 법은 헌신적이고 신실한 조직과 연관되어 있다 할지라도 그 단체를 다스립니다.

저는 개인적으로 고정된 규범 대신 일련의 정책으로 다스리는 것을 선호합니다. 정책들은 특정한 상황의 독특성에 의해서 바뀌거나 개정될 수 있습니다. 결정과 판단은 개인과 그의 독특한 상황의 특성과 역사에 기초를 두고 만들어질 수 있습니다.

몇 년 전, 제가 음악 목회자로 Jubilee Christian Center에서 재직할 때의 일입니다. 우리 팀엔 두 명의 호른 연주자가 있었고 그들은 둘 다 훌륭한 연주자들이었습니다. 각 구성원은 교회에 헌신적이었고, 하나님과 교회의 음악 부서에도 그러했습니다. 그러나 그들은 성격과 개성이 매우 달랐습니다.

그들을 연주자 A와 연주자 B로 표현해 보겠습니다. 연주자 A는 일터에선 매니저(주임)였습니다. 그는 항상 연습과 예배에 철저히 준비된 사람이었습니다. 그는 항상 집에서 연습을 철저히 해왔고 연습 시간에 도착하면, 그는 다른 연주자들이 바른 태도로 음악을 연주하고 접근하도록 도왔습니다. 그의 호른 연주는 그의 섬김의 중요한 부분이었고 그의 주님을 향한 사랑의 표현이었습니다. 그는 저와 우리 음악 감독에게 중대한 도움을 주었습니다.

그때에 우리 교회는 중요한 성장을 하고 있었습니다. 우리는 매주 수요일 저녁, 금요일 저녁, 그리고 주일 아침에 두 번, 주일 저녁에 한 번, 총 5번의 예배를 드렸습니다.

연주자 A는 금요일 밤과 주일 아침 예배에 연주하기로 되어 있었습니다. 직장에서 매니저인 그는 때로 주말 동안 장부를 대조하고 가게를 닫는 힘든 시간을 보내곤 했습니다. 그리고 거의 50키로미터 정도의 거리를 고속도로를 타고 무척 느린 속도로 교통 혼잡 속에 다니곤 했습니다. 그는 직장 때문에 매우 스트레스를 받았고 벅차했습니다. 음악 부서에서의 호른 연주는 그가 인생의 균형과 질서를 잡도록 도와주었습니다. 그에게는 금요일 밤에 섬기는 것이 꼭 맞고 필요했습니다.

우리의 정책은 매 예배가 시작되기 30분 전에 모든 사람이 연습실에 모이는 것이었습니다. 연주자 A는 예배 시작 시간 30분 전에 도착하지 못하는 경우가 많았습니다. 저는 그의 성품과 노력, 그리고 신실함을 알았기에 그가 늦게 와도 연주하게 해주었습니다. 저는 그가 최선을 다해 그곳에 온 것을 알았고 또한 얼마나 그가 연주에 필요한지 알고 있었습니다.

우리는 법이 아닌 정책을 가지고 다스렸기 때문에 그런 어려운 일이 발생하면 그에게 은혜와 호의를 베풀어줄 수 있었습니다. 만약 우리가 엄격한 법을 가지고 있었다면 주님께 자신의 온 맘을 다해 섬기려는, 그래서 최선의 노력을 다한 이 사람에게 벌을 주어야 했을 것입니다.

연주자 B는 훌륭한 호른 연주자였습니다. 또한 그는 사람들을 매우 유쾌하게 만드는 사람이었습니다. 모두가 그를 좋아했고 그는 우리 모두를 농담과 익살스러운 행동으로 웃게 해주었습니다. 그는 주님께 그의 삶을 드리기 이전에 밤무대와 술집에서 연주했었습니다. 그때는 우리 교회에 오기 몇 년 전이었습니다.

그러나 연주자 B는 제때에 연습과 예배에 참여하지 않고 문제를

일으켰습니다. 그것은 그가 중요한 책임을 가지고 있는 무엇이 있어서가 아니라, 단지 무책임했기 때문이었습니다. 연주자 A와 달리 연주자 B는 교회에 오는 데 매우 사소한 어려움이 있을 뿐이었습니다. 그는 교회에 도착해서 호른 연주를 준비하는 대신에 친구들과 주차장에서 잡담하는데 시간을 보내곤 했던 것입니다.

어떤 중요한 이유도 없는 몇 번의 지각 에피소드 후에 저는 그와 진지한 상담을 하였고, 세 달 간의 연주 중지를 결정했습니다. 저는 그가 징계와 3개월간의 연주 중지 결정을 잘 받아들여준 것에 놀랐습니다.

상담 기간 동안에 그는 어느 누구도 결코 그에게 이런 식으로 단호하게 대한 사람이 없었다고 말했습니다. 그는 매우 훌륭한 연주자였고 함께 연주했던 다른 그룹들은 그가 감정이 상해 그들을 떠날까봐 두려워했습니다. 저 역시 그를 잃고 싶지 않았지만 우리의 정책과 절차에 대한 그의 노골적인 무시는 견뎌서는 안 되는 것이었습니다. 만약 제가 그의 말도 안 되는 행동을 무시했다면 그룹의 다른 사람들에게 우리 행정 시스템을 남용하는 기회를 주었을 것입니다.

나는 3개월 후에 연주자 B가 돌아와 우리 음악 부서의 정책에 순복해 준 것이 매우 기쁩니다. 몇 년 후에 그는 모범적인 대원들 중 한 명이 되었습니다. 오늘까지 그는 여전히 자신과 대면해서 자신의 성품과 미래를 분석할 수 있도록 도와준 저에게 감사하고 있습니다. 그것이 그의 인생을 바꾸었습니다.

여러분은 저를 기준이 모호한 사람이라고 생각할지도 모릅니다. 그러나 그것에 대해서 논쟁하고 싶지 않습니다. 단지 저는 다른 유형의 사람들에게는 다른 식으로 대할 필요가 있다는 것을 알 뿐입니다. 하나님께서는 저에게 사람들 안의 잠재력을 볼 수 있는 은사를 허락하셨고 하나님께서 그들을 위해 정하신 탁월한 수준에 이르도록 도울 수 있게 하셨습니다. 지각을 했던 연주자 A를 벌할 수도 있었고 그에게 얼마간의 연주 정지를 명할 수도 있었습니다. 그러나 그렇게 하는 것은 그가 그토록 하나님께 선물로 드리기 원하는, 하나님을 섬길 수 있는 기회를 박탈하는 것이 되었을 것입니다. 엄격한 규칙은 그를 징계하고 그의 심령에 상처를 입혔을 것입니다.

저는 제게 맡겨진 기구를 운영함에 있어서 민주적인 행정 시스템을 사용하지 않습니다. 하나님은 결코 민주주의를 정하시지 않으셨습니다. 우리는 하나님 왕국의 백성들입니다. 하나님은 우리를 성령님께 위탁하시고 그의 영이 모든 진리와 지혜로 우리를 이끄는 것을 허락하기를 바라십니다.

> "만약 너희 중의 누가 지혜가 부족하거든, 그로 하나님께 구하게 하라, 그러면 후하시고 꾸짖지 아니하시는 하나님께서 주시리라"
> (야고보서 1:5)

운영 지침서 속에 포함된 찬양대 세부 규칙

음악 부서의 매뉴얼은 그 부서의 전반적인 가이드라인을 제공할 것입니다. 게다가 찬양대 지휘자는 부서의 매뉴얼에서 틀이 정해진 구체적인 규칙을 갖고 있어야 합니다. 그것은 모든 찬양대 구성원들이 이해해야 할 의무적인 것으로 출석, 연습, 행동, 복장 등에 관한 구성원들에 대한 기대입니다.

규율상의 행위 훈련을 위한 시간

여러분은 무례와 반란에 정면으로 부딪쳐야 합니다. 적에게 여러분의 노력들을 무너뜨릴 수 있는 기회를 주어서는 안 됩니다. 우리는 삶의 모든 영역에 있는 사람들이 권위와 통솔력에 도전하는 세상에 살고 있습니다. 때로 여러분은 적에게 공격을 받을 것이고 여러분의 권위도 도전받을 것입니다. 지도자로서 여러분의 힘과 헌신은 도전받을 것입니다. 그래서 성경을 공부해야 하고 하나님의 말씀을 알아야 합니다. 그래야 말씀으로 적들과 싸울 수 있습니다.

> "네가 진리의 말씀을 옳게 분변하며 부끄러울 것이 없는 일군으로 인정된 자로 자신을 하나님 앞에 드리기를 힘쓰라"
> (디모데후서 2:15).

모든 논쟁들은 말씀과 정면으로 만나야 합니다. 여러분은 여러분 자신의 주장이나 세상의 방법들로는 영적인 전쟁에서 이길 수 없습니다. 어떤 사건에 대해 하나님이 무엇이라고 말씀하시는지 항상 알아야 합니다. 하나님의 방법은 하나님께서 기뻐하시는 단 한 가지 방법입니다.

훈련을 해야 할 때에는 담대하고 친절하며 사랑을 가지고 행동해야 합니다. 때로 늑대들이 양의 탈을 쓰고 나타날 것입니다. 하나님께서 당신에게 명하신 것을 하려고 할 때 방해하려는 사람들을 참지 마십시오. 엄격한 훈련은 때로 직무 정지와 음악 부서에서 누군가를 빼는 것과 연관될 것입니다. 부서의 목회자나 장로들에게 여러분이 하려는 일과 하는 이유를 알리십시오. 누군가를 빼려고 하기 전에 그들의 조언과 충고를 얻으십시오. 그들은 여러분 지역의 민법과 여러분이 심사숙고하고 있는 어떤 활동에 그것들을 적용해야 하는지 알아야 합니다.

목회자들과 장로들은 여러분이 필요로 하는 활동을 실행하도록 도울 것입니다. 음악 목회자로서 지낸 세월 동안 저는 몇몇의 사람들에게 직무 정지를 선고했습니다. 다른 사람들이 교회를 떠나는 동안 그들 중 몇 명은 교정을 받았고 더 나은 크리스천 일꾼이 되었습니다. 제가 섬겼던 교회의 목회자님은 저를 격려하시면서 만약 그들이 교정을 받아들이지 않는다면 그들을 우리 모임의 회원이 될 수 없다고 말씀하셨습니다. 어떤 경우에는 목회자님께서 회원자격을 취소했고 그들이 우리 교회에 두 번 다시 돌아오지 못하도록 하는 법정의 금지 명령도 신청했습니다.

이런 경우들은 극단적이고 매우 드뭅니다. 저는 여러분이 이러한 행동들을 부르는 경험들을 하지 않기를 바랍니다. 만약 여러분이 기준을 높게 설정한다면, 여러분의 팀원들은 하나님께 가능한 최고의 찬양을 드리려 한다는 것을 알게 것입니다. 하나님은 우리가 드릴 수 있는 최고를 받으셔야 합니다. 그리고 하나님께서는 그분을 더욱 더 알아갈 수록 우리의 은사와 재능들을 향상시키기를 기대하십니다.

저는 제 경험의 고백들이 여러분들로 하여금 하나님이 원하시는 종이 되는 데에 도움이 되기를 진심으로 소망합니다. 제가 경험했던 것은 저에게 효과가 있었고 주님께 새로운 수준의 예배로 나아가도록 도와주었습니다. 그리스도의 몸에는 많은 다양한 표현들이 있다는 것을 잘 알고 있습니다. 제게 효과가 있던 것들이 여러분에게는 도움이 되지 않을 수도 있습니다. 그러나 지금 여러분은 새로운 단계로 나아가려는 열망 때문에 이 책을 읽고 계십니다. 이것은 여러분을 격려하려는 하나님의 방법일 것이며, 그 방법은 하나님이 당신을 갖추어 가시는 방법입니다. 그리고 그 방법은 여러분이 드리는 예배 속에서 하나님의 존재를 나타낼 수 있는 환경을 당신이 이끌고 있는 모임이 만들어 가도록 할 것입니다.

당부의 말 Final Word

저는 제가 가진 지식과 경험을 여러분과 공유할 수 있음에 감사합니다. 앞서 말했던 것처럼 제가 언급하거나 썼던 모든 것들이 여러분의 목회 현장이나 교회에서 똑같이 실행되지 않을 수도 있습니다. 그러나 그것들은 우리 주님의 왕국에서 우수해지려는 여러분의 수고로 여겨질 수 있는 것들입니다.

저는 여러분에게 제 목회에 적용했던 말씀 구절과 제안들을 드렸습니다. 저는 그것들이 갈등을 해결하고, 강하고 지속적인 관계들을 만들며, 무엇보다도 예배 시간과 개인적인 삶 속에서 하나님의 거룩한 출현을 나타낼 수 있는 바른 환경을 만들기 위한 응답이었음을 알았습니다.

하나님의 말씀은 헛되이 응답하지 않을 것입니다. 그것은 하나님이 성취하도록 목적하시는 바를 이룰 것입니다. 하나님은 하나님의 음성을 청종하고 부르신 바를 이루려고 하는 자들을 통해 하나님의 일을 행하실 것입니다. 하나님께서는 우리의 능력 대신 가능성을 보신다는 것이 분명합니다. 그러나 하나님께서는 우리의 능력에 하나님의 능력을 더하셔서 목회의 가장 높은 수준으로 우리를 이끄실 것입니다.

저는 여러분이 하나님의 말씀을 매일 읽도록 도전합니다. 하나님의 말씀을 지속적으로 묵상하시고 쉬지 말고 기도하십시오. 모든 일에 하나님께 감사드리며 지속적으로 하나님을 찬양하십시오.

다음은 여러분을 위한 저의 기도입니다.

하나님 아버지, 아버지께서는 오랜 세월동안 저에게 큰 앎과 놀라운 경험을 주셨습니다. 하나님의 말씀은 진실하며 효과적이라는 것을 믿고 하나님의 법칙을 따라 걷는 자들에게 증명하셨습니다. 제가 영과 진리로 하나님께 예배드리고 경배했던 것처럼 예배와 제 삶 속에서 계속해서 하나님의 재림을 나타내주셨습니다.

이제 아버지, 당신의 아들이신 예수님의 이름으로 이 책을 읽고 각각의 소명과 책임감에 따라 그들 자신의 목회에 이 가르침을 적용하려는 자들에게 축복을 주시옵소서.

주님, 그들을 인도해주시고 보호해 주시옵소서. 그들 안에 주님이 가득 차게 하옵소서. 그들이 주님의 뜻과 소망을 이루어갈 때 주님의 영광이 그들에게서 나타나게 하옵소서. 주님의 소망이 그들의 소망이 되게 하옵소서. 그들이 하는 모든 일에 그들이 주님께 영광을 돌리게 하옵소서.

　그들의 모든 삶의 현장에서 충만하게 하옵소서. 그들의 가정에 무한한 축복을 주옵시고 주님께서 그들에게 하라고 기름 부어 주신 모든 일에 충분하도록 그들의 건강을 지켜주옵소서. 예수님의 이름으로 기도합니다. 아멘.

　하나님의 뜻과 말씀에 순종하는 것은 효과적인 예배 인도자가 되는 열쇠입니다. 하나님께서는 영과 진리로 예배할 자들을 찾고 계십니다. 이제 앞으로 나아가서 하나님께서 찾으시는 예배자가 되십시오.

| 옮긴이의 말 |

"내가 아는 모든 것은, 나는 하나님을 찬양하기 원한다는 것이다. 비록 아무도 듣기를 원하지 않더라도, 하나님만은 들으실 거라고 믿는다. 만약 그것이 홀로 하나님을 찬양하는 것을 의미한다 해도 나는 그렇게 하겠다."

필자가 론 케놀리 목사를 만난 것은 대학 시절이었다. 찬양을 인도하며 예배를 이끌어 가는 그의 모습을 바라보며 나의 가슴 깊은 곳에서는, '내 자신이 세상을 살며 누군가 예배자로 닮고 싶은 사람이 있다면 바로 당신이다' 라고 외치고 있었다. 단 한순간도 소홀히 여기지 않는 그의 예배 인도는 함께 참석한 예배자 모두를 향해 '하나님께서 지금 이곳에 임재하고 계신다' 는 것을 명확하게 그리고 단호하게 선포하고 있었다.

론 케놀리 목사는 1944년 미국 캔자스 주에서 태어나 지금까지

기독교 예배 인도자로 평생을 섬기며 "현존하시는 하나님을 향한 환경을 조성하는 것"을 일생의 소명으로 생각하며 살아왔다. 그의 특별한 예배 사역의 모습 가운데 하나는 일생에 단 한번도 홀로 악기를 들고 연주하며 사역하지 않았다는 것이다. 그는 항상 최고의 음악인들과 상당한 규모의 찬양대와 함께 늘 그의 사역을 함께해 오고 있다.

"1982년의 여름은 나의 삶 가운데 가장 힘들었던 순간이었다."라고 그는 말한다. "그러나 내가 음악을 사랑한 만큼 나는 하나님을 더욱 더 사랑하게 되었다. 내가 결코 다시 노래할 수 없음을 뜻할지라도 세속적 음악에 되돌아 갈 수가 없었다." 론 케놀리 목사가 그 당시 다니고 있던 작은 교회의 믿음의 공동체 안에서 그 자신을 발견한 것은 바로 그때였다. 이러한 그의 열정은 폭발적인 예배 사역의 현장으로 그를 몰아넣었고 그는 그곳에서 자유함을 누렸다.

수많은 사역들의 연속이었지만 그 과정 가운데 음악과 목회의 균형을 이룰 수 있도록 계속해서 공부하고 연구하여 박사 학위를 얻을 수 있었던 것은 섬기는 교회의 적극적인 지지와 협력을 바탕으로 한 절대적인 동역이 있었기 때문이다. 이 글을 통해 많은 예배자들과 함께 교회의 지도자들과 목회자들도 하나님의 교회와 예배 사역을 위한 좀 더 긴밀한 동역이 이루어지기를 진심으로 소망한다.

그의 음악 사역의 모든 영역들 가운데 가장 큰 비전이 담겨 있는 것은 현재의 예배자들을 보다 영향력 있는 예배 인도자들로 훈련시켜 다시금 파송하는 교육 프로그램을 개발하고 학교를 운영하는 것이었다. 1999년 그가 설립한 '찬양학교(Academy of Praise)'통해 지금까지도 수많은 예배 사역자들이 양육되고 있다. 그는 계속해서 이 꿈을 비전으로 삼고 전 세계에 예배를 세우고 섬길 수 있는 사역자들을 파송하기 위해 여러 나라에 이와 같은 학교를 설립하고 운영하는 데 물심양면으로 후원을 아끼지 않고 있다.

성경에 기록된 옛 이스라엘 민족처럼 약속의 땅을 향해 담대하게 걸음을 옮기지 못해 황량한 광야에서 죽어가는 사람들과 같이 되지 않기 위해 스스로를 도전하고 세상과 소통하며 변화를 수용하는 그의 넉넉함은 지금도 그의 사역의 열정과 영향력이 식지 않는 이유가 무엇인지를 단편적으로 보여준다. 이 세상의 모든 예배자들이 하나님의 나라가 이 땅에 임하기까지 담대함으로 그 열정과 비전에 담겨진 하나님의 기대를 저버리지 않기를 기도한다.

이 글을 통해 20세기와 21세기에 가장 영향력 있는 예배 인도자 한 사람을 국내에 소개할 수 있어 개인적으로는 영광으로 생각하며 이 모든 과정에 동역의 손길을 붙이시며 축복해 주신 하나님께 감사드린다.

지금 이 순간에도 함께하시는 하나님의 임재의 자리에서
옮긴이 **양정식**

론 케놀리 박사

1944년 미국 캔자스에서 출생한 론 케놀리 박사는 알라바마 대학Alameda College에서 음악학사를, Faith Bible 대학에서 목회학 석사 학위를 받았으며, Friends International Christian 대학교에서 교회음악 전공으로 목회학 박사Doctorate of Ministry in Sacred Music 학위를 받았다. 미 공군에서 "Shades of Difference"라는 그룹을 조직하여 음악 활동을 시작한 그는 1985년 미국 캘리포니아 산호세에 위치한 Jubilee Christian Center에서 정규직으로 목회와 예배 사역을 시작하여 1987년 같은 교회에서 음악목사 안수를 받게 된다. 1991년 앨범 "Jesus is Alive" 발매를 시작으로 1992년에 발표된《Lift Him Up》이 전 세계적으로 음반 시장에서 주목을 받았으며 1997년 그의 또 다른 앨범 "Welcome Home" 역시 음반 시장의 상당한 호응으로 빌보드차트 '기독교 음반 부분' 최고에 오르는 한편 도브 상Dove Award 가스펠 부문을 수상하게 된다. 1998년 인테그리티 음악사Integrity Music와 계약을 맺으며 앞에서 언급한 앨범을 포함하여《God is Able》,《Sing Out》,《High Places》,《Majesty》,《We Offer Praises》등 8개의 앨범을 발매하여 전 세계에 4백만 장 이상의 판매 기록을 남기고 있다.

1999년 미 동부 플로리다로 이사하여 '찬양학교Academy of Praise'를 설립하였으며 2001년에 발매한 앨범《Dwell in the House》를 계기로 새로운 세기의 사역의 문을 열게 되었다. 그가 설립한 '찬양학교Academy of Praise' 통해 지금까지도 수많은 예배 사역자들이 양육되고 있다. 그는 계속해서 이 꿈을 비전으로 삼고 전 세계에 예배를 세우고 섬길 수 있는 사역자들을 파송하기 위해 여러 나라에서 이와 같은 학교를 설립하고 운영하는 데 물심양면으로 후원을 아끼지 않고 있으며 그의 예배 음악관련 저서들은 이미 온 인류에게 널리 알려져 교회와 CCM 시장에서 베스트셀러로 자리매김하고 있다.

홈페이지 http://www.RonKenoly.com

론 케놀리 목사의 앨범 및 저서 소개

- DVD

    The Ron Kenoly DVD Collection (2008)

    Gospel With Integrity Box Set (with Alvin Slaughter, Brooklyn Tabernacle Choir, 2007)

    God Is Able (2006)

- CD

    Fill The Earth (with High Praise, 2005)

    Lift Him Up Collection (2005)

    The Ron Kenoly Collection (2003)

    The Perfect Gift (2001)

    Dwell In the House (2001)

    We Offer Praises (1999)

    Welcome Home (1998)

    Majesty (1998)

    High Places: The Best Of Roy Kenoly (1997)

    Welcome Home (1996)

    Sing Out With One Voice (1995)

    God Is Able (1994)

    Lift Him Up (1992)

    Jesus Is Alive (1991)

- 저서

    The Effective Praise & Worship Leader (Parsons Publishing House, 2008)

    The Priority of Praise & Worship (Parsons Publishing House, 2008)

    Lifting Him Up (Dick Bernal과 공저, Parsons Publishing House, 2008)

영향력 있는 예배 인도자
예배 인도를 위한 8가지 핵심

1판 1쇄 발행 | 2011년 11월 3일

지은이 | Ron Kenoly
옮긴이 | 양정식
펴낸이 | 김재선
펴낸곳 | 예 솔
편 집 | 김신애 정혜정

출판등록 | 제2-125호(1993.4.3)
주   소 | 서울시 마포구 성산동 242-19 신지빌딩 5층
전   화 | 02)3142-1663(영업), 335-1662(편집)
팩   스 | 02)335-1643
홈페이지 | www.yesolpress.com

ISBN 978-89-5916-367-0   03230

* 이 책 내용의 전부 또는 일부를 무단으로 재사용할 수 없습니다.
* 책 값은 뒤표지에 표시되어 있습니다.